平凡社新書
1030

「若者の読書離れ」というウソ

中高生はどのくらい、どんな本を読んでいるのか

飯田一史
IIDA ICHISHI

HEIBONSHA

「若者の読書離れ」というウソ●目次

はじめに

この本は、10代、とくに中高生の読書を扱う。おそらく書名に興味を引かれて手に取られた方が大半だと思うが、サブタイトルの「中高生はどのくらい、どんな本を読んでいるのか」を扱っている。

もちろんメインタイトルに偽りのない内容を扱っている。けれども、それにとどまらず、いわゆるZ世代が好むものについて知りたいというマーケティング的な動機から手に取ってくださった方にも、日々「どうやったら本を読んでもらえるんだろう」と思案している保護者や教育関係者、司書、あるいは出版関係者にも、気づきのあるものをめざして書いた。読者のみなさんが10代だったころとの類似点と相違点を知ることによって、大人が若者を理解し、いいコミュニケーションが生まれるきっかけになればと願っている。

教育関係者やメディアは「若者の本離れが進んでいる」「歯ごたえのある文学を読まな

くなった」としばしば語る。ではみなさんは、若い人たちの読書の「実態」をどのくらいご存じだろうか。統計的に見ると月に平均何冊本を読んでいるのか。どんな本を読んでいるのか。あるいは、昔は本当にたくさん本を読んでいたのか。

　おそらくほとんどの方は、断片的な情報しか知らないだろう。「ドラマやアニメになった作品の原作小説を読んでいる」とか「ライトノベル（ラノベ）が好き」とか「森絵都さんや重松清さんが書くような、YA（ヤングアダルト）向けの小説を読んでいるんでしょう」とか。そして「もっとこういう本を読むべきだ」とも思っているかもしれない。

　しかし、現状がどんなもので、いったいどんな中身のものが好きなのかがわからないのに「こういうものを、このくらい読むべき」と子ども・若者に押しつけたところで、彼ら/彼女たちは喜んで受け入れるだろうか。自分に置き換えて考えてみてほしい。たとえば、仕事が多忙をきわめて食事を取るヒマもなくストレス過多になっている人が、健康診断で悪い結果が出てしまい、「もっとバランスのいい食事と運動を心がけ、休みをしっかり取ってください」と頭ごなしに医者に言われたら？　「それができる環境にいたら苦労しない」と思い、素直に言葉を受け入れることはないだろう。

　本書で詳しく書いていくが、子ども・若者の読書に関しては誤ったイメージが蔓延《まんえん》している。まず、「子どもの本離れ」は進んでいない。小中学生の書籍の読書に関しては20

00年代以降、不読率・平均読書冊数ともにV字回復している。一方で文庫ライトノベル市場は2013年以降の約10年で半減以下となり、学校読書調査で中高生の「読んだ本」上位にあがるラノベのタイトル数も減少した。「ラノベ＝中高生向け」という前提はもはや成り立っていない。また「YA」と名の付く出版レーベルから刊行された小説は、ラノベ以上に学校読書調査上で読んだ本の上位にはほとんどあがっていない。各出版社のYA専門レーベルの刊行点数は全盛期に比べると減少しており、書店に「児童書棚」はあっても「YA棚」はないところのほうが多い。

だがこうした実態に基づかない古いイメージは、なかなか消えない。

筆者は、子ども・若者の読書をめぐる論評や施策について二つ問題があると考えている。

ひとつは今言ったように、実態ではなく「たぶんこうなんだろう」という〝イメージ〟に基づいた提言がなされていること。

もうひとつは、現状を把握し、当事者たちの気持ちに寄り添うことからではなく、大人が考えた「こうあるべき」「こうするべき」という〝べき論〟や〝打ち手〟(施策)、あるいは良いか悪いかといった〝評価〟の話から入ってしまいがち——もっと言えば、「最近の若者はダメになっている」という若者劣化論を大人が語って溜飲を下げることになりがちな点だ。

実は、中高生向けの読書案内・ブックガイドや読書コミュニティづくりに関する本はあっても、10代、とくに中高生の読書の「実態」をテーマにした本はほぼ存在しない。もちろん、そうした読書案内等にも価値はある。だが一般論として言えば、まず相手を理解しないことには、がんばって提案しても善意の「押し売り」になりかねない。

10代は人生のなかでも多感な時期である。思春期に触れたものの記憶は、のちのちまで残る鮮烈なものとなる。けれども最近の若い人たちが、その時期にいったいどんなものを好んで読んでいるのかを書いた本は、これまで存在しなかった。本書はその最初のものとなることをめざして書かれている。

本書の方法論　マクロのデータ＋本の内容を分析

この本ではまず、日本人の読書に関するデータを整理し、基本的な情報を提示する。

そのあとで、中高生が好む本とはいかなるものなのかを、全国学校図書館協議会（全国SLA）が毎年行っている「学校読書調査」などであげられた人気の作品をもとに考察していく。ただし紙幅の都合で、中高生がどんな本を読んできたのかの歴史的な変遷についてはあまり扱えなかった。本書が対象とするのは基本的に「〝2000年代以降の〟10代の読書」である。

また、筆者はこの本の執筆過程で10代に直接話を訊いていない。あくまで統計などのマクロな数字から言えることと、中高生が読んだ本ランキング上位作品を読んで比較・推察したことを書いている。なぜか。たとえば、図書館関係の雑誌を開けばいくらでも中高生の図書委員などの「当事者の声」は載っている。Amazonのカスタマーレビューや「読書メーター」「ブクログ」のような感想サイトを開けば、中高生らしき人たちが書いた感想を見ることもできる。しかし筆者には、それら「生の声」をいくら読んでも「10代の読書」の全体像や傾向が焦点を結んで見えてこなかった。「当事者に訊けばなんでもわかる」と人は思いがちだが、渦中にいる人間には見えないことも多い。たとえばなぜその本を選んだのか、なぜ惹かれたのか、人気のあるほかの本とどんな共通点があるのか。こういったことを、中高生が誰でもスムーズに言語化できるわけではない。ことこのテーマに関しては、「当事者の声」に頼るアプローチでは、むしろ断片的な情報や事例の積み重ねにしかならないと筆者は判断した。

本書はその代わりに「中高生が好む本を実際に網羅的に読んで分析する」という方法論を選んだ。「それはただの主観ではないのか」「あなたの感想ですよね」と思う人もいるだろう。しかしたとえ主観であっても、具体的に本の内容を検討するだけで、現段階では十二分に価値があると思っている。「中高生が読んでいる本はいったいどんなものなのか」

を、中身に即して検討した本は、これまで存在しないからだ。本の中身を読まない大人たちが「ドラマ化、アニメ化された作品がよく読まれている」「ライトノベルやマンガ、アニメ、ゲームのノベライズが人気」といった表層的な情報を流通させ、「若者の本離れ」というウソを信じ込んで嘆いているのが現状なのだ。

本書で明らかにしていくが、中高生が好む本にはかなりの程度、共通点や傾向が見てとれる。筆者でなくても、学校読書調査で人気上位の作品をまとめて読めば、誰でもそういう共通点や傾向を発見できるだろう。本書で示したいのは、中身を読むことでしか気付くことができない共通点や傾向なのである。

「メディア展開されたものがよく読まれている」のは間違いではない。しかし、それは中高生が作品を「知るきっかけ」になっただけだ。「映像化された作品」は無数に存在するが、中高生はそのなかから一定の傾向の作品を選んで読んでいる。そしてそれは大人を含む日本人全体のベストセラーランキングの並びとは明確に異なる。こういうことについて考えるためには、「実際に本の中身を読んで分析する」というアプローチを取る以外にない。

前置きが長くなった。まずは読書に関する調査から見ていこう。

第一章　10代の読書に関する調査

「子どもの本離れ」は過去の話

10代の読書に関する各種データを見ていこう。おそらく本章で語られることは、多くの人にとって、メディアで流通している「若者の読書」に対するステレオタイプな議論とはあまりに異なるものだろう。注意して数字を、そしてロジックを追ってきてほしい。

小中高校生の書籍の平均読書冊数、不読率（一冊も本を読まない人の割合）は、全国SLAが毎年行っている「学校読書調査」から推移を見ることができる（図1、2参照）。

その歴史の流れを簡単にまとめると、1980年代から1990年代までにかけてはいわゆる「本離れ」が進み、1990年代末に平均読書冊数と不読率は史上最悪の数字となる。しかし、2000年代にはどちらもV字回復を遂げ、2010年代になると平均読書冊数は小学生は史上最高を更新、中学生は微増傾向を続け、高校生はほぼ横ばいだが、過去と比べて「本離れが進行している」とは言えない。

どうして2000年代にV字回復を遂げたのか。1990年代末から、官民連携をした読書推進の動きが本格化したためである（このあたりの経緯について筆者は『いま、子どもの本が売れる理由』という本に詳しくまとめている。興味のある方はそちらを読んでいただきたい）。

図1　小・中・高校生の1カ月間の平均読書冊数（書籍）

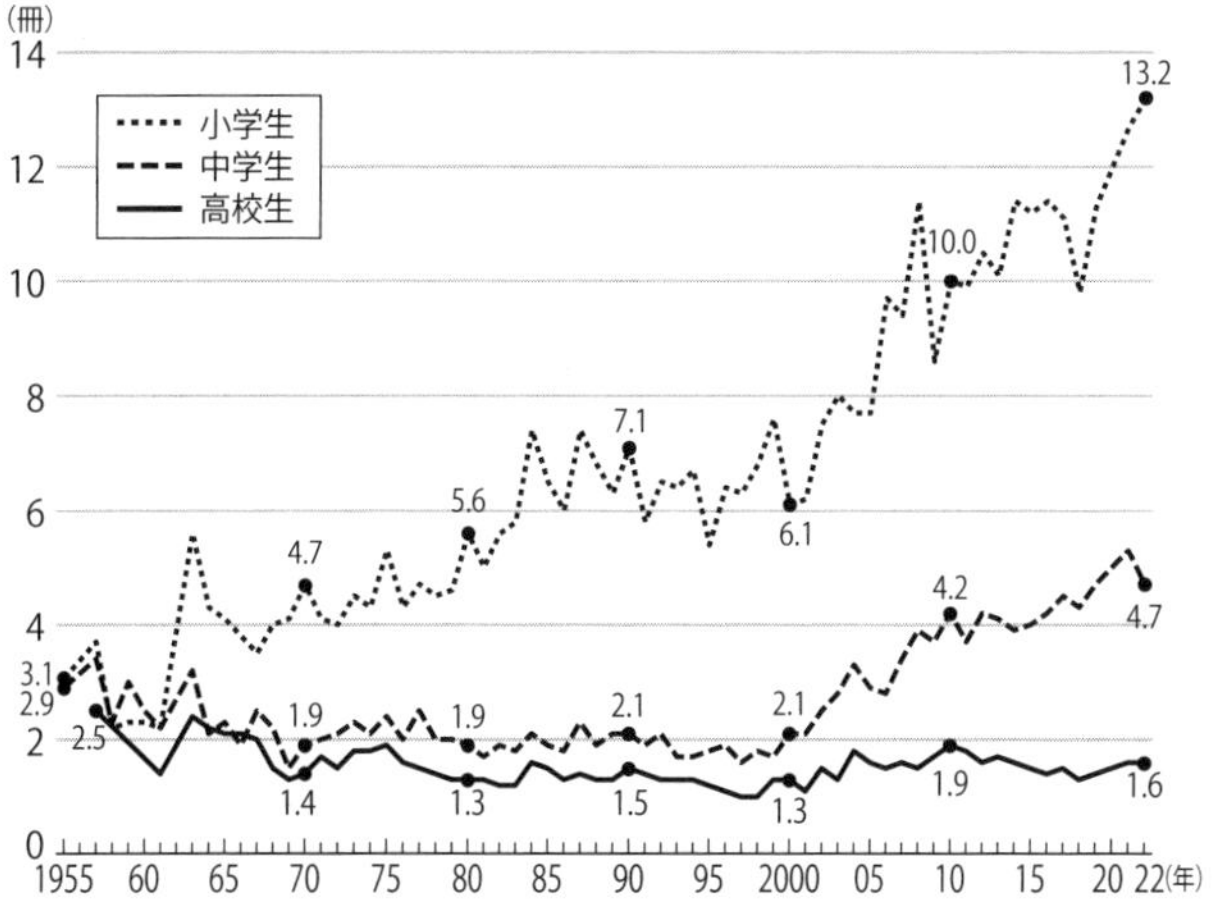

全国学校図書館協議会「学校読書調査」各年を参照し作成

「書籍」離れが終わった背景

１９９０年代には児童書市場の衰退に危機意識を抱いた出版社や作家を中心とする業界団体が、児童文学者で１９８９年に参議院議員となった肥田美代子、および肥田を含む超党派の「子どもと本の議員連盟」「活字文化議員連盟」などを通じて政界へ働きかけを強めた。

１９９３年には文部省が学校図書館を必要とする教育へと転換（「調べ学習」開始）、「学校図書館図書標準」と「学校図書館図書整備等新五か年計画」を策定する。５年間で学校図書館図書を１・５倍程度増やし、その財源として５年間で約５００億円を地方交付税でまかなう措置

図２　小・中・高校生の書籍の不読率

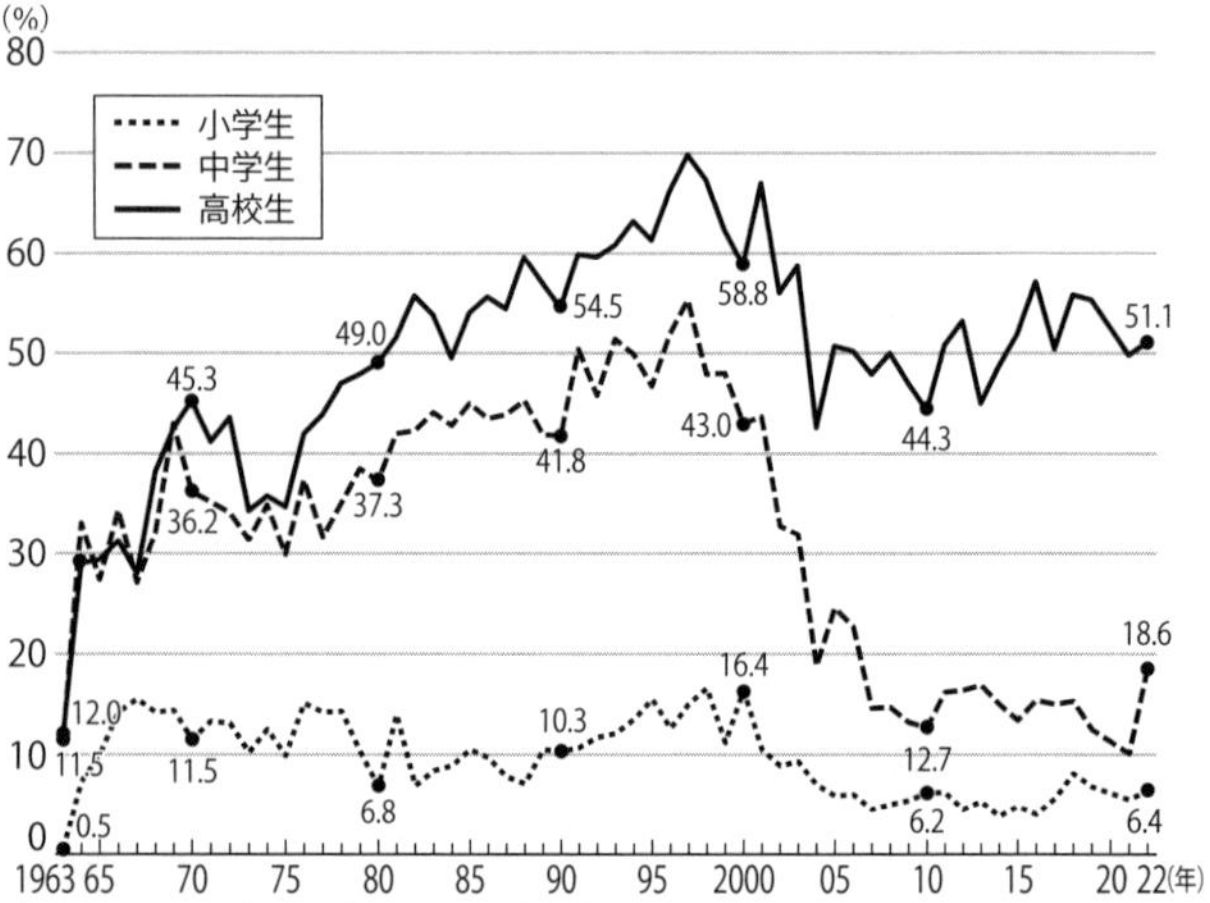

全国学校図書館協議会「学校読書調査」各年を参照し作成

が取られた。また、１９９７年に学校図書館法を改正して司書教諭の原則配置を実現。ほかにも２０００年を「子ども読書年」として官民をあげてイベントを行い、同年には上野に国立国会図書館国際子ども図書館が開設。翌２００１年には子どもの読書活動の推進に関する法律が公布・施行され、赤ちゃんとその保護者に絵本を手渡しするというブックスタートが全国12地域で本格的に始まる。

同年、ＯＥＣＤ加盟国の15歳を対象とした学習到達度調査ＰＩＳＡの第１回の結果が発表され、「読解力《リテラシー》」が参加国中８位となり、日本の子どもは55％が「趣味で読書することはない」と回答、参加国平均の32％を上回っていたことが明らかになる（図3参照）。これにメディアや教育界が激しく反応。ここから地方公共団体が、小中高校で10分間程度自由に児童・生徒が本を読むという「朝の読書」（朝読）運動やブックスタートを読書推進計画に採用することが増えていく（正確に言うと、1990年代末から、朝読の実施校は「学級崩壊」対策として子どもの気持ちを静める効果が注目され、急増傾向にあった。なお2015年以降のランクダウンは読書量は関係ない。コンピュータを用いての回答が求められるようになったが、日本の子どものICTリテラシーが低く対応できなかったため。これがGIGAスクール構想推進の背景となる）。

図3　PISAにおけるOECD加盟国中の日本の順位

	読解リテラシー	数学リテラシー	科学リテラシー
2000年	8	1	2
2003年	12	4	2
2006年	12	6	3
2009年	5	4	2
2012年	1	2	1
2015年	5	2	1
2018年	15	6	5

朝読の実施校数は2000年代を通じて伸び、2010年代以降は横ばいから微減傾向にある（図4参照）。朝の読書推進協議会が発表している最新データである2020年3月2日段階での実施率は、全国の小学校の80％、中学校の82％、高校の45％だ（なお、これは新型コロナウィルス禍に入りたての時期の数字であり、それ以前はもう少し高かった）。つまり小中学生の8割は学校で半ば強制的に本を読む時間がある。したがって、学校生活や自治体の計画に読書推進が組み込まれていなかった1990年代までと比べて、この年代の不読率

図4　「朝の読書」実施校推移

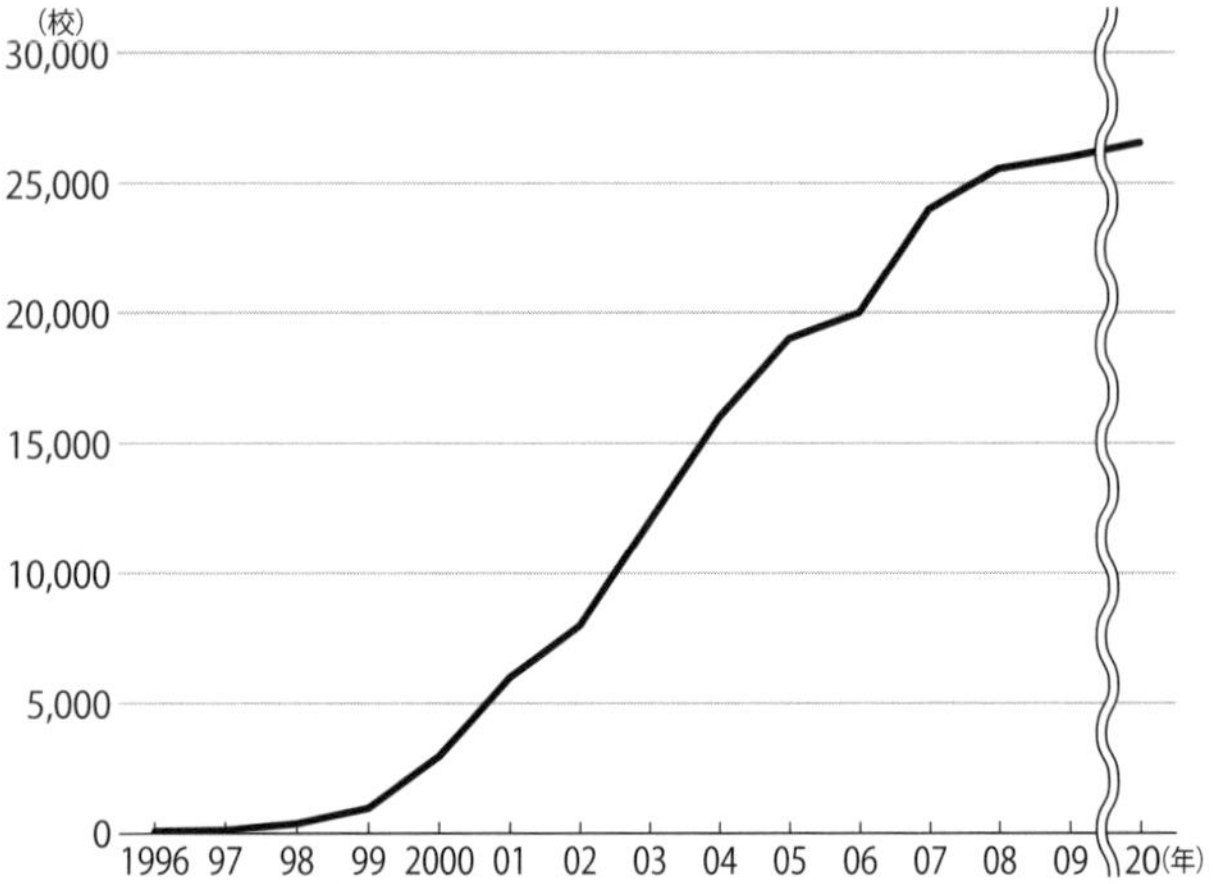

トーハン「朝の読書のあゆみ」https://www.tohan.jp/csr/asadoku/ayumi.html、「毎日新聞」1996年11月23日「林公さん「朝の読書」運動を提唱、菊池寛賞を受ける」、朝の読書推進協議会調べ「朝の読書」実施状況より作成

が激減するのは当然である。

　実際、読書の効果について定量的な研究を行っている北里大学の猪原敬介が、ベネッセと東京大学が共同で実施した「子どもの生活と学びに関する親子調査　Wave1〜4，2015―2019」を用いて「学校外」に限って読書活動について分析したところ、不読率は学校読書調査よりも約6〜30%ほど高く出ている（図5参照）。2022年の学校読書調査では書籍の不読率は小4〜6で6・4%、中1〜3で18・6%、高1〜3で51・1%。対して、ベネッセと東大のパネル調査により「学校外読書」に限ると、不読率は小4〜6で3割弱、中1〜3で約4

図5　学校外での学年別不読率

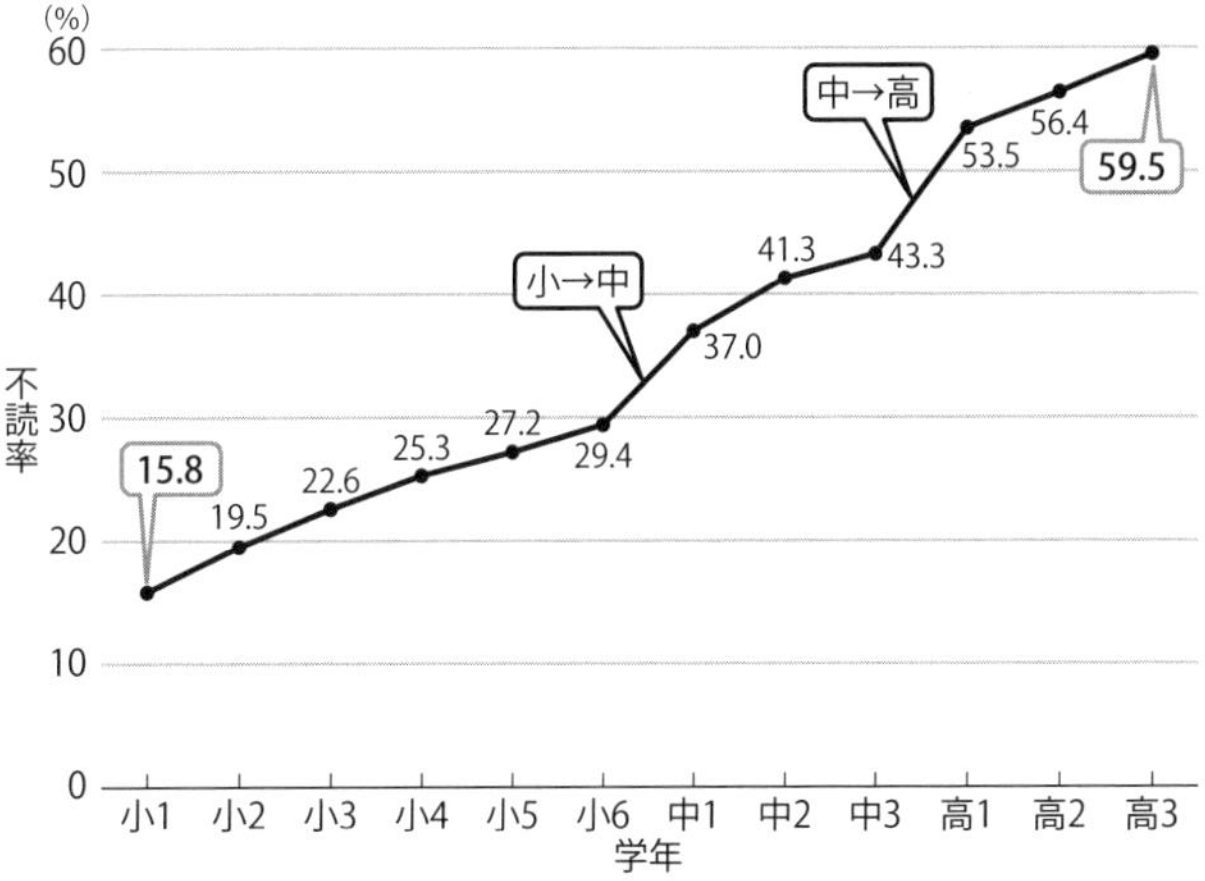

「子どもの生活と学びに関する親子調査　Wave 1 〜 4、2015－2019」に基づく猪原敬介による調査をもとに作成

割、高1〜3で5割強になる。この差分が「学校でしか本を読まない子ども」の割合と言える。

もっとも、学校読書調査上で「子どもの本離れ」がピークに達していた1997年には、不読率は小学生15・0％、中学生55・3％、高校生69・8％。それに比べれば、学校外に絞っても今の中高生のほうが「書籍」を読むようになっていることは間違いない。

「雑誌」離れは進む

「書籍」と断ったのは、書籍の読書に関するV字回復とは対照的に、「雑誌」の不読率上昇や平均読書冊数減少には歯止めがかかっていないからだ。書籍

図6　小・中・高校生の1カ月間の平均読書冊数（雑誌）

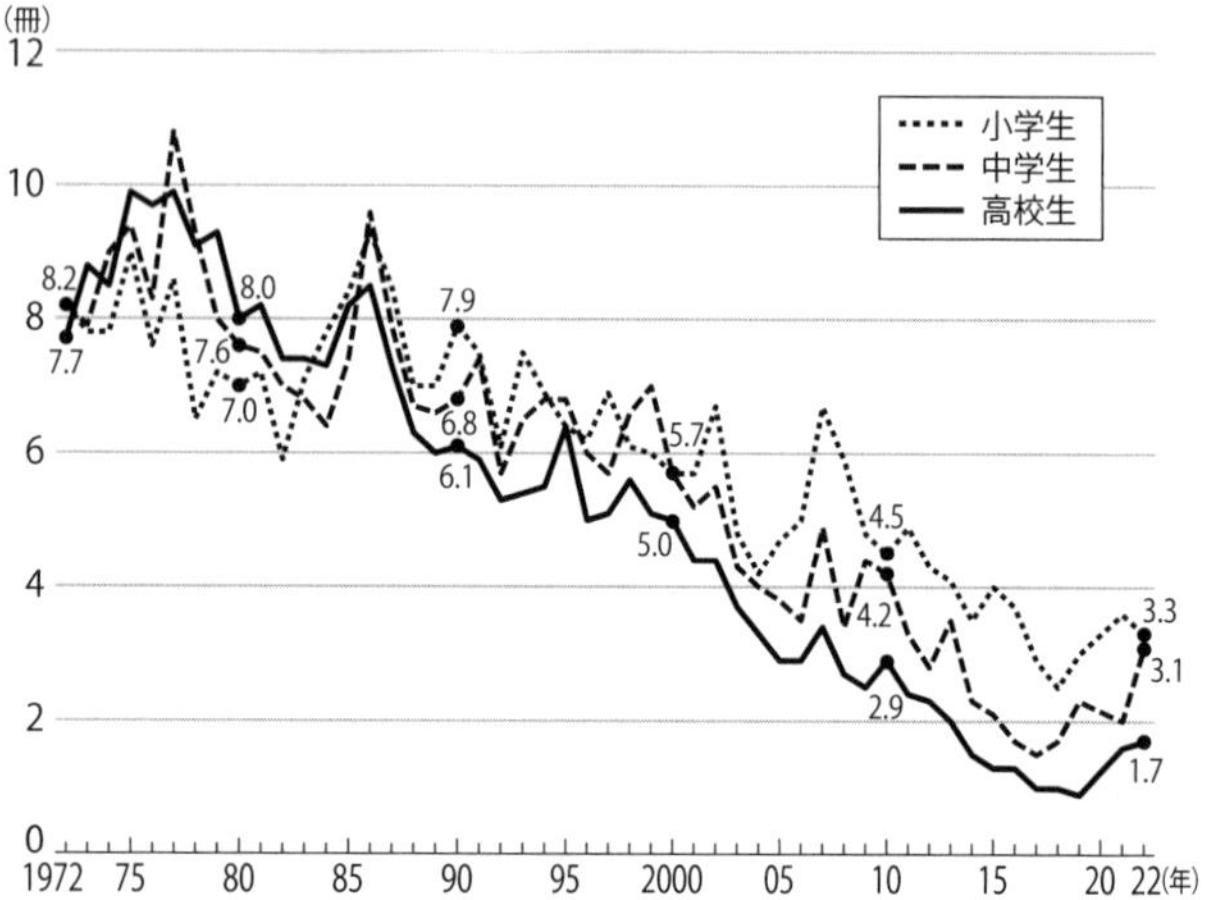

各年の「学校読書調査」を元に作成

の不読率が最悪だった1997年に、雑誌のほうは不読率が小11・6％、中15・3％、高15・6％しかなく、平均読書冊数は小6・9冊、中5・7冊、高5・1冊にのぼっていた。この数は、雑誌の読書がもっともさかんであった1980年代半ばと比べると減ってきてはいたが（ピーク時の1986年には雑誌を月に小9・3冊、中9・6冊、高8・5冊も読んでいた）、直近2022年では不読率が小59・2％、中51・2％、高67・4％、平均読書冊数は小3・3冊、中3・1冊、高1・7冊しかない（図6、7参照）。

　筆者は学校読書調査をもとに雑誌と書籍の平均読書冊数の合計の推移のグラフを作成してみた（図8参照）。これを見

図７　雑誌の不読率

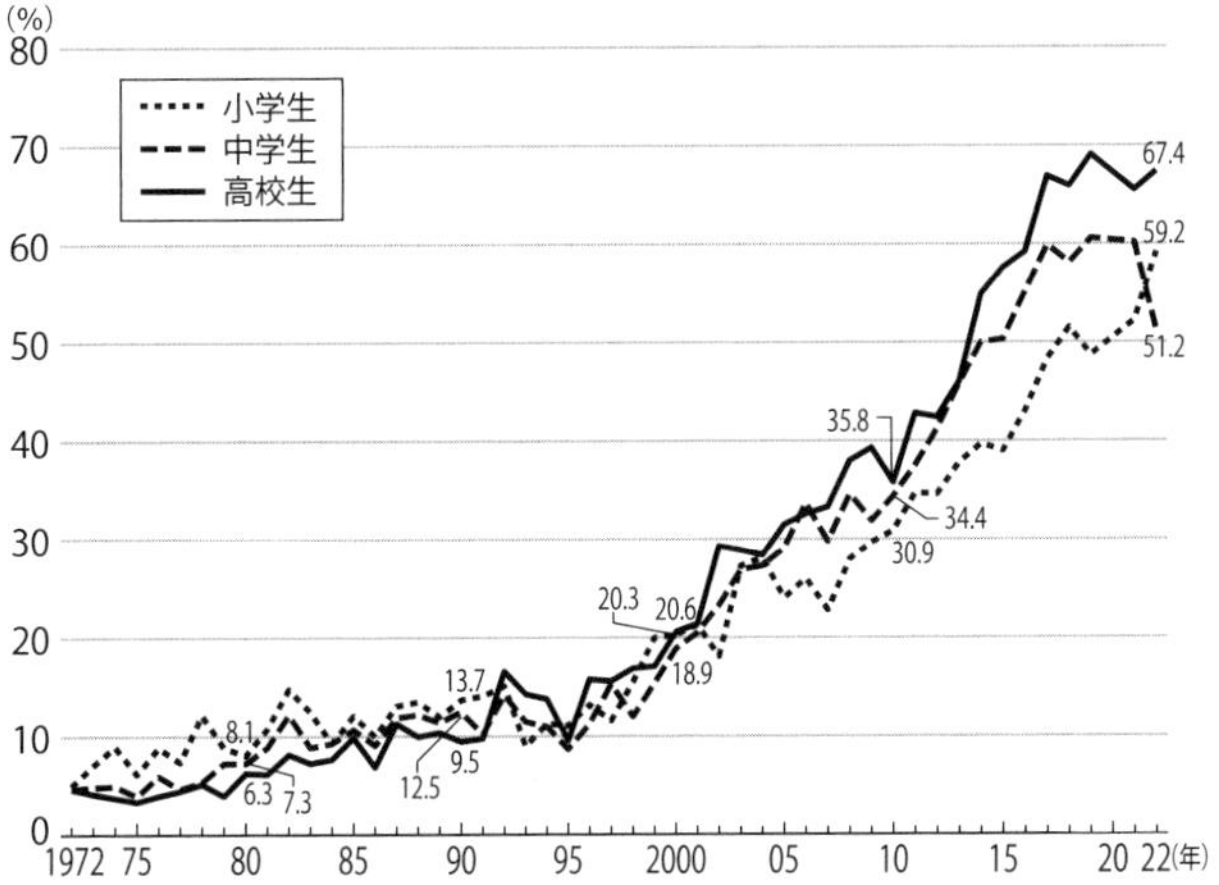

各年の「学校読書調査」を元に作成

ると、小学生は波がありつつも１９８０年代中盤からそれほど変わっておらず、中高生では明確に減少傾向にある。ということは、２０００年代以降の読書推進活動によって、小中学生は書籍をより読むようにはなったが、雑誌を読まなくなった――つまり書籍と雑誌の割合が変わっただけで、トータルとして見ると本（出版物）の読書冊数は増えていない、とも解釈できる。

もちろん、出版市場全体で見ても、雑誌のほうが書籍よりも売上の減少傾向が著しく、需要が減り続けていることは無視すべきではない。出版科学研究所調べの推定販売金額を見ると、雑誌は１９９７年の１兆５６４４億円をピークに、直

図８　雑誌+書籍の１カ月の合計平均読書冊数

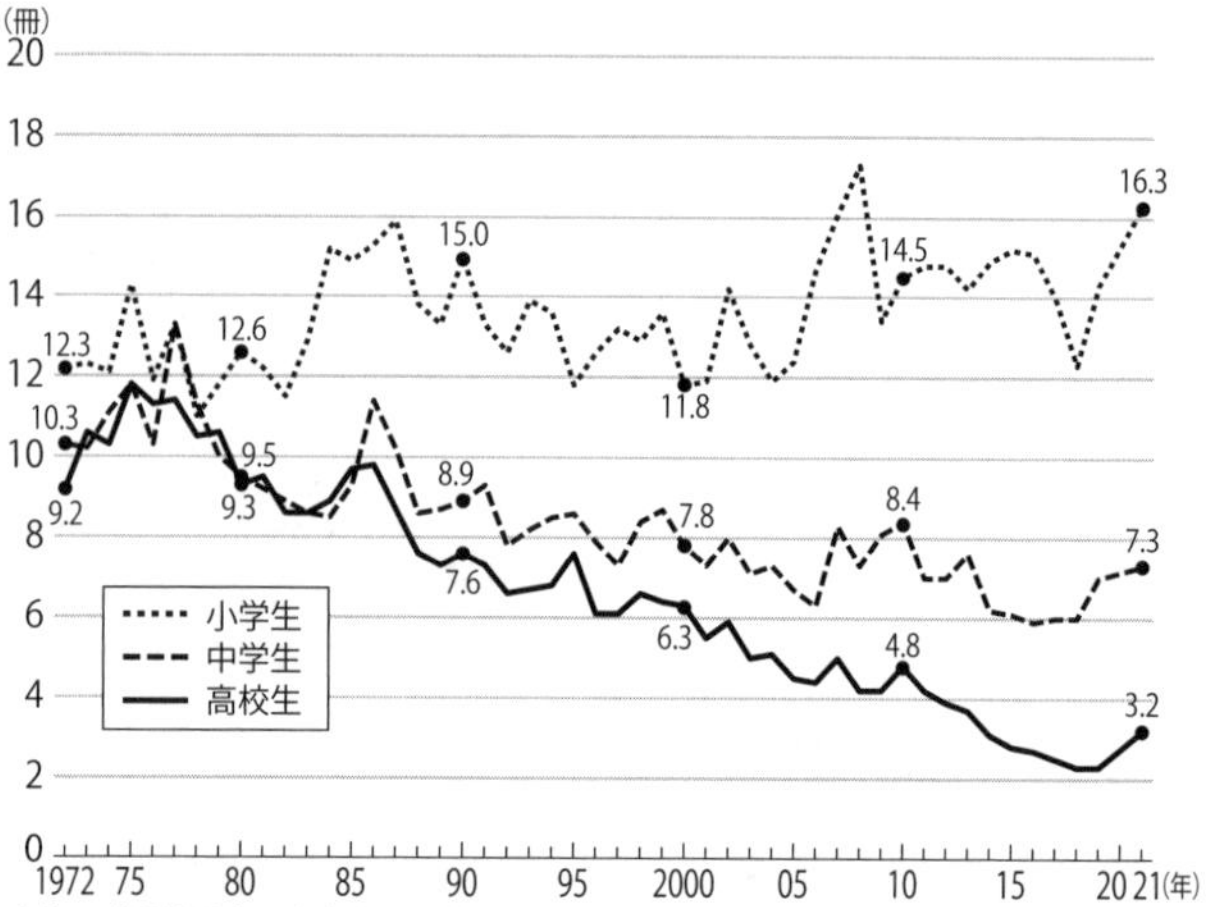

各年の「学校読書調査」を元に筆者作成

近２０２２年では４７９５億円と３分の１になった（図９参照）。対して、書籍は１９９６年がピークで市場規模が１兆９３１億円だったのが、２０２２年には６４９７億円と、半減もしていない。しかもこれはあくまで「紙」の数字である。２０２２年に「電子雑誌」市場は88億円だが、「電子書籍」はコミック４４７９億円、文字もの４４６億円。したがって、紙＋電子で市場規模を捉えると、「書籍」はピーク時と比べても遜色のない１兆１０００億円規模になり、「出版業界は長期にわたる右肩下がりが今も続いている」という認識も書籍については誤りと言うこともできる（ただし細かく言えば、日本の出版流通の制度上、紙のコミックス

図９　出版物の推定販売金額

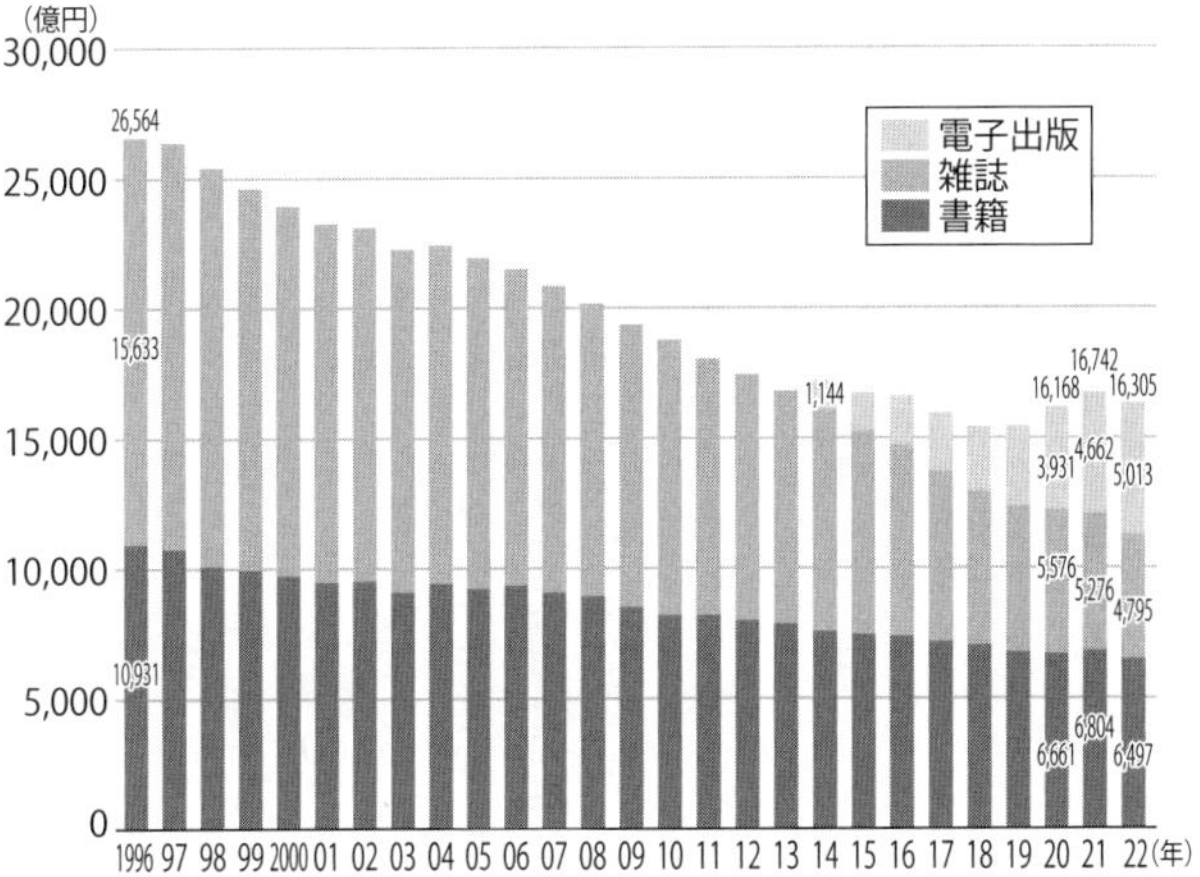

出版科学研究所『出帆指標年報2022年版』、「出版月報」2023年１月号を元に作成

単行本は「書籍」ではなく「雑誌」コードで扱われるものが多い。一方で電子コミックスは「電子雑誌」ではなく「電子書籍」として扱われる。この点に留意が必要である）。

いずれにしても、比較的鮮度の高い情報を扱ってきた「雑誌」は、より即時性が強い情報発信に長けたウェブやスマホ等での各種娯楽に代替されてしまう部分が大きかった。一方で、まとまった物語や情報・論理をパッケージ化した「書籍」に対する需要は根強い、と言える。

加えて、官民あげての読書推進活動は圧倒的に「書籍」偏重であり、「雑誌」は読むべきものとされてこなかった。推進するまでもなく、１９９０年代まで雑誌は子ども・若者に積極的に読まれていたからだ。だから少子化および出版市場全体の減少傾向に抗うようにして、書籍〝だけ〟が政策的なテコ入れによって、平均読書冊数が伸びたのである。

余談ながら、筆者はこうした書籍偏重の読書観には問題があると考えている。というのも、子どもの「本離れ」と言われた80～90年代にも雑誌は大量に読まれていたし、書籍の本離れがピークとなった90年代には、「週刊少年ジャンプ」が653万部（95年）、「週刊少年マガジン」が426万部（96年）、「コロコロコミック」が200万部（97年）とマンガ雑誌が歴代最高発行部数を次々に記録したからだ。書籍を読む量が60年代、70年代と比べて減っただけで、雑誌やコミックスといった出版物はよく読んでいたのに「本離れ」と捉えられていたのは、あまりに「本」「読書」の定義が狭量だったと言える。この傾向は今も教育界、マスメディアで続いている。とはいえ本書ではわかりやすさを重視し、「本」「読書」といえば「書籍」のことを指す慣例に従い、以下論じていくこととする。

伸びる児童書、落ちるラノベ

書籍不読率減少と平均読書冊数増加の恩恵を受け、児童書市場は少子化にもかかわらず堅調に推移し、子どもひとりあたりの書籍代も増加傾向にある。1998年には児童書販

図10　ひとりあたり児童書販売額と14歳以下人口

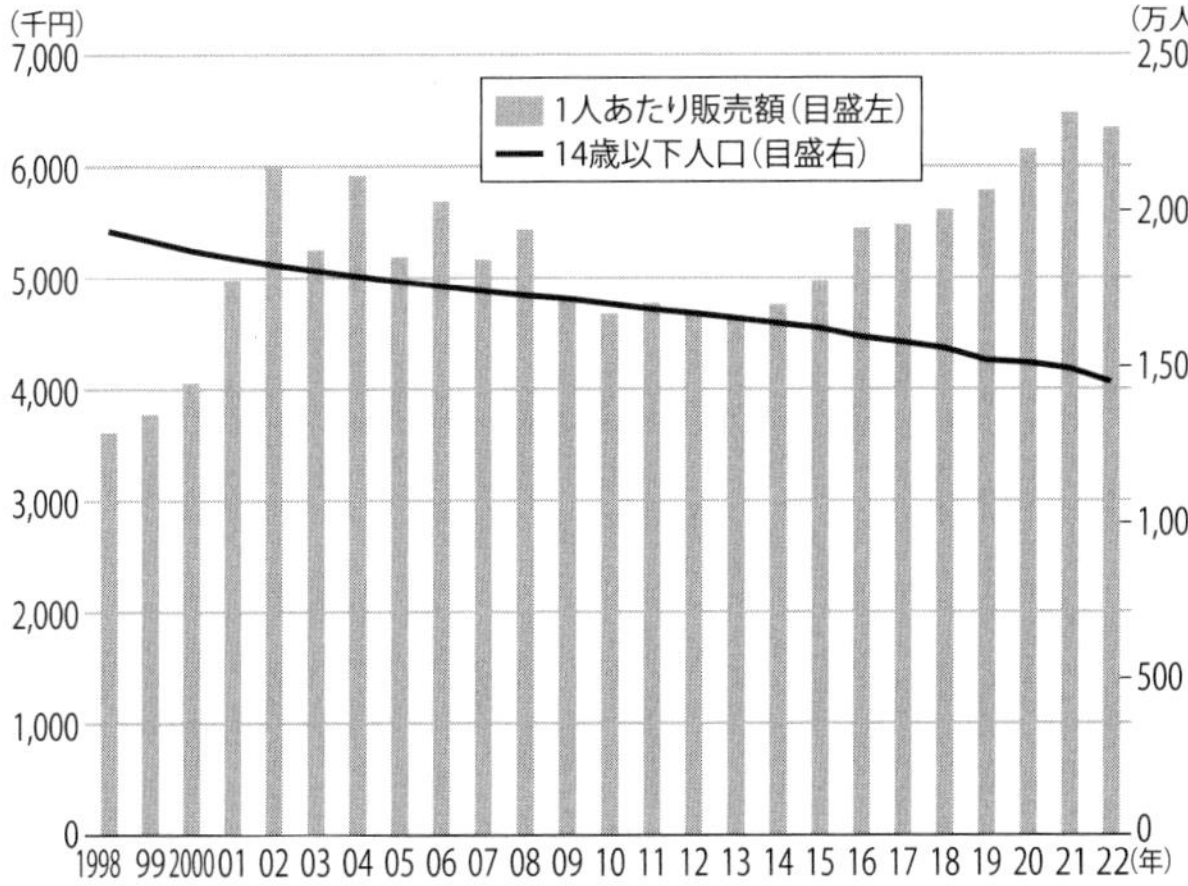

出版科学研究所『出版指標年報』各年、総務省統計局人口推計より作成

売額７００億円、14歳以下人口は１９３７万人、児童書の14歳以下人口ひとりあたり販売額（年間）が３６１４円だったのが、２０２２年には児童書販売額９２３億円、14歳以下人口は１４５０万人、ひとりあたり販売額が６３６６円（図10参照。児童書販売額は出版科学研究所『出版指標年報２０２３年版』、14歳以下人口は総務省統計局人口推計を元にした）。

対照的なのが文庫のライトノベル（ラノベ）市場だ。ライトノベルとは何かの定義はさまざまだが、簡単に言えばＫＡＤＯＫＡＷＡの電撃文庫や角川スニーカー文庫といった特定のレーベルから刊行されるエンターテインメント小説だ。カバーや口絵、挿絵にキャラクターのイラストを用いており、マンガやアニメ、ゲームと近い感覚で読める、サブカルチャーとしての文芸である。

中学生の読書量は微増、高校生はほぼ横ばいであるにもかかわらず、文庫ラノベ市場は２０１２年の２８４億円をピークに、２０２２年には１０８億円と半減以下になった（出版科学研究所調べ）。２０００年代には産業として注目され、２０１２年までは市場が伸び基調にあったが、それは過去のものになった。「ターゲット層の読者が少子化しているのだから仕方ない」と思うかもしれないが、さすがに子どもの数は10年で半分にはならない。10代人口の減少率は毎年小数点以下数%から１%台前半である。対して文庫ラノベ市場は激しいときには前年比14%近く減少しており、少子化の速度をはるかに上回っている。かつて「中高生向け」と言われたラノベ市場に、一体何が起こったのか。

これには、２０１０年代を通じて、株式会社ヒナプロジェクトが運営する日本最大級のウェブ小説投稿・閲覧サイト「小説家になろう」発の単行本ラノベ（判型が大きいソフトカバー仕様単行本で、文庫本コーナーではない場所に置かれるもの）という「大人向け」の市場が開拓されたことが関係している。

「小説家になろう」というウェブサイトには、誰でも小説を投稿できる。その無数に投稿されたウェブ小説のなかで人気になった作品が、２０００年代後半以降、書籍化されるようになった。そのほとんどは、出版社主催の小説新人賞を受賞するなどしてプロデビューした作家によるものではなく、それまで商業出版の経験がないアマチュアが投稿した作品である。「小説家になろう」に限らず、各種小説投稿サイトで人気を博したことで商業出版デビューを果たす作家は、今ではまったく珍しくなくなった。「小説家になろう」発の異世界ファンタジーは「なろう系」と呼ばれる。なろう系のウェブ小説を書籍化した際の読者の中心は、作品にもよるが多くが20～40代、つまり大人であると言われている。

そして２０１０年代前半には、なろう系作品が従来の文庫ラノベよりもよく売れる、すなわち売上の初速が良く、重版率が高いという現象が確認された。２０１３年には推定発行金額が30億円市場だった単行本ラノベ（その多くがなろう系書籍化）は、２０１６年には１００億円市場に急成長し、以降はほぼ横ばいをキープしている（出版科学研究所調べ）。２０１３年以降、文庫ラノベが凋落していったこととは対照的である。

この差はなぜ付いたのか。なろう系は、ウェブ小説サイト上で人気になった作品だけを本にする。つまり読者によるテストマーケティングが先に済んでおり、ウェブ上での競争に勝った作品だけを書籍の企画として通す。そちらのほうが本読みのプロ、「目利き」であるはずの編集者が企画のジャッジをしている書き下ろしの文庫ラノベよりも、ヒットの打率が高かったのである（大半の作家や編集者は、どうがんばっても一般的な読者とは感覚が

図11　出版物の分類別売上高の推移（2008年を100とする）

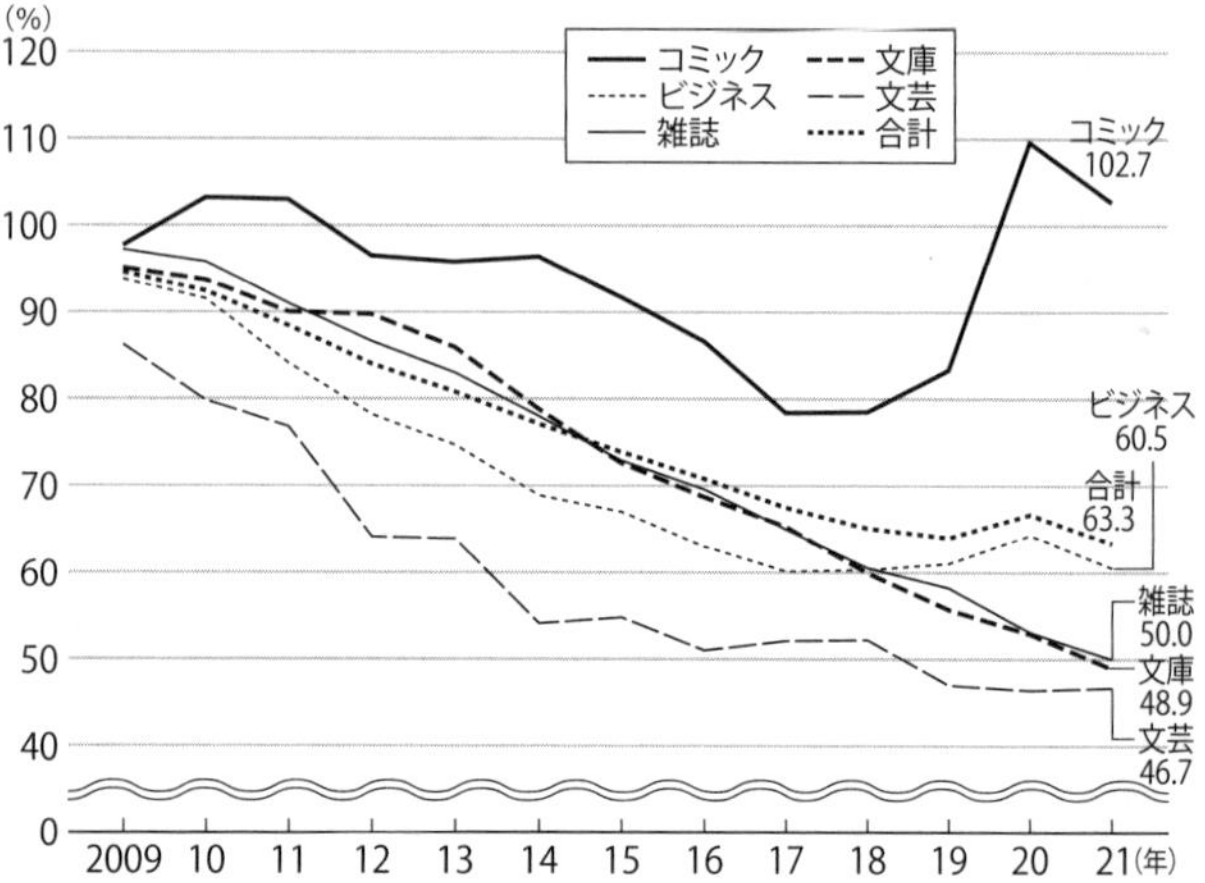

『出版販売額の実態』（日本出版販売株式会社）2019年版から2022年版より作成

ズレており、実際の読者が支持した作品を本にしたほうがよく売れる、ということだ）。

正確に言えば、ラノベに限らず、小説誌・文芸誌発の一般文芸や、ミステリー、SFといったジャンル小説よりも、人気のウェブ小説書籍化のほうがよく売れた。「出版月報」（出版科学研究所）２０２１年９月号によれば、文芸単行本全体に占めるウェブ発のラノベ単行本の割合は冊数ベースで43・7%、金額ベースで37・2%に及ぶ。また、日販営業推進室出版流通学院『出版物販売額の実態』２０１９年版から２０２２年版を参照すると、２００８年の売上を１００としたときの２０２１年の文芸市場の売上は46・7である（図11参照。なお２００７年以前は出版物の分類の分け方が異なるため、正確な比較ができない)。つまりウェブ小説書籍化は、2000年代後半からの十余年を通じて「半分」以下になった文芸市場のおよそ「半分」を占めた——ウェブ小説以外の文芸市場の規模は10年で4分の1になった——ことになる。市場のシュリンクに抗うように成長してきたウェブ小説書籍化作品群が存在していなければ、文芸市場はより壊滅的にしぼんでいたはずだ。

ともあれ、なろう系の急速な台頭の結果、既存の文庫ラノベレーベルもウェブ小説を書籍化するようになった。のみならず、文庫書き下ろしのオリジナル作品でも、なろう系を読むような大人の読者向けの作品を増やし、主人公やヒロインが大人の作品を刊行するようになった。「ラノベ＝中高生向け」という建前を取り払ったのである。

結果、起こったのが本来メインターゲットだったはずの10代の急速な客離れであり、市場の半減だ。なぜ10代向け市場に大人向けを加えると10代に敬遠されるのか。たとえば若者向けの服の売場に突然おじさん向けの服も売られるようになったら「従来どおりのものも売っていますよ」と言われたところで、若い人は「なんか違う」と感じ、積極的にその店を使いたいと思えなくなるだろう。それと同じで、2000年代までは中高生にとってラノベというカテゴリは「自分たち向けのジャンル」と積極的に思える場所だったが、2010年代以降は「自分たち向けの作品も一部にあるジャンル」程度の位置づけに変わってしまったのである。ターゲット顧客と提供価値がブレれば、当然、客離れが起こる。

従来からある「文庫ラノベ」と、ウェブ小説書籍化を中心とする「単行本ラノベ」を合算した数字を見ても、ラノベ市場は2016年の302億円（文庫202億円、単行本100億円）がピークである。以降、単行本は横ばい、文庫ラノベは顕著な減少のために、2022年には単行本と文庫本を合算して212億円となった。なろう系書籍化作品の目先の売上（の効率性）に気を取られてラノベ文庫レーベルは大人向けに力を入れたが、トータルで見れば文庫ラノベのマーケットは従来の「中高生向け」を中核としたもののほうが大きかったのだ。大人向けにシフトした代償に、中高生からの支持を失った。統計上、中学生の読書量は増え、高校生は横ばいだ。中高生（とくに中学生）のほうを向き続けていれば文庫ラノベのここまでの縮小は避けられただろう。それは児童書市場の活況を見れば疑いえない。

ケータイ小説は2020年代でも人気が高い

ラノベと比較して10代市場で明暗が付いたものとしては、ケータイ小説がある。

2000年代初頭のYOSHI『Deep Love』を中心とする第一次ケータイ小説ブーム、2000年代半ばから後半にかけてのChaco『天使がくれたもの』、美嘉『恋空』、メイ

『赤い糸』などを代表作とする第二次ケータイ小説ブームについてはメディアや文壇を巻き込み毀誉褒貶《きよほうへん》激しく盛り上がったため、記憶している年長世代の方も多いだろう。

実はケータイ小説を牽引するスターツ出版は、社会現象となった過去二度のブームを超え、２０２０年代に入って最高益を更新している。

スターツ出版は第二次ケータイ小説ブーム以降も、自社で運営する小説投稿サイト「野いちご」（若年層向け）と「Berry's Cafe」（大人の女性向け）からの書籍化を積極的に行い、そのありようを変化・拡張させてきた。たとえば、スターツ出版では第二次ケータイ小説ブーム時は「単行本」での書籍化が中心だったが、２００９年にはケータイ小説文庫を創刊して判型が小さく単価が安い「文庫」を主戦場に変更。同文庫は恋愛系のピンクレーベルと青春系のブルーレーベルに加えて、２０１３年にはファンタジー系のパープルレーベルとホラー系のブラックレーベルを登場させ、ブラックレーベルからは２０２２年に実写映画化されて話題になった『カラダ探し』が生まれた（ただしパープルレーベルは２０１４年12月以降発売されていない）。ティーンには「恋愛」「泣ける」「恐怖」といった感情にわかりやすく訴える物語が求められ、そうした感情を刺激するテーマをひとつの文庫レーベルでひととおり揃えられるように拡張した。

２０１０年代に入って10代が使うデバイスがガラケーからスマホに変化するとスマホ対

応をいち早く実行したほか、2015年にはスターツ出版文庫を創刊。これは「野いちご」出身の小説家が執筆するライト文芸レーベルである。

なお「ライト文芸」とは、内容的には一般文芸よりもカジュアルで、しかし従来の文庫ライトノベルよりは大人が読む前提で書かれているものが多いカテゴリーの作品群である。ジャンルで言えばお仕事ものやあやかしもの、神様ものなどが人気で、文庫書き下ろしが大半だ。読者層の中心は大人の女性だと言われている。ただし青春恋愛もの、余命ものは10代読者も多い。ライトノベルとライト文芸、一般文芸の違いは、おおよそ読者層と人気のジャンル、刊行レーベルにある。たいていの場合、書店でも本の陳列場所が異なる。

スターツ出版文庫からは創刊タイトルである沖田円『僕は何度でも、きみに初めての恋をする。』（『ぼくなん』）が25万部以上のヒットとなり、ほかにも櫻井千姫『天国までの49日間』、櫻いいよ『交換ウソ日記』、いぬじゅん『いつか、眠りにつく日』等々、10万部以上のヒット作をコンスタントに輩出。ほかのライト文芸レーベルでも活躍するようになった「野いちご」出身作家も少なくない。

作品内容も、レイプやDV、ドラッグやホストといった2000年代にイメージされた暴力的で過激なものから大きく変化している。たとえば『ぼくなん』は1日で記憶が失われる男子と恋をする少女によるリリカルな青春恋愛小説であり、性描写、暴力描写は皆無である。書籍版の文字の組み方も第二次ケータイ小説ブーム時までの典型的なイメージであった「スカスカの横書き」ではなく、改行も決して多くない縦書きで刊行されている。かつては心理描写が希薄で登場人物に「内面がない」とまで一部の批評家から言われたケータイ小説だが、むしろ感情を丁寧に表現するようになっている。

２０１７年には小学生向けの文庫レーベル・野いちご文庫、２０２０年には児童文庫の野いちごジュニア文庫を創刊し、後者は２０２２年には早くも角川つばさ文庫、講談社青い鳥文庫、集英社みらい文庫に次ぐ四番手に台頭。シェアを急速に伸ばしている。

そして２０２０年以降、TikTok 発で、小説紹介クリエイターけんごなどによって本が紹介されて10代を中心にヒットする事例が現れた。「TikTok 売れ」で人気になった代表的なタイトルには汐見夏衛《しおみなつえ》『あの花が咲く丘で、君とまた出会えたら。』や前述の櫻いいよ『交換ウソ日記』があるが、これらはともにスターツ出版文庫のライト文芸作品である。

スターツ出版はこの「TikTok 売れ」を販促につなげたことと、自社人気小説のコミカライズ事業の好調さによって過去最高の売上高と営業利益を達成した。

スターツ出版の編集部は、「どんな読者に何を提供するのか」をブレさせることなく、作家や編集者の思い込みを排して読者ニーズの変化に柔軟に対応した（たとえば恋愛小説の場合、かつては強引に女性を引っ張るオラオラ系男子がうけていたが、少なくとも２０１０年代後半以降はお互い合意の上で恋愛関係を進める男子に女性主人公が「溺愛」される作品がうけている）。また、読者層や提供作品を拡張するときにはレーベルを分けることで既存読者の客離れを避けた。これらの点が、文庫ラノベと明暗を分けた要因だろう。

本を読まない大学生？

さて、読書統計に話を戻そう。

小中の書籍の読書量は読書推進政策によってV字回復を遂げた、という話をした。高校生はどうか。高校生も不読率に関しては改善した。最悪だった1990年代末と比べると、2000年代以降は2割ほど減って「ふたりにひとりが本を読む」ようになった。しかし、ひと月あたりの平均読書冊数は1冊台で長らくほとんど変わっていない。ためしに10年ごとの数字を書いてみると、2022年1・6冊、2012年1・6冊、2002年1・5冊、1992年1・3冊、1982年1・2冊、1972年1・5冊、1961年1・4冊（1962年は調査なし）。一番多くて1964年の月2・4冊なのだ。「本離れ」したのではなく「一定を保ち、ずっと小中学生より少ない」のである。

2020年時点での朝読実施率は全国の小学校80％、中学校82％、高校45％。朝読は学校に通っていれば半強制的に課される読書時間だが、高校になるとそれが激減する。だから読書冊数の伸び悩みはある意味仕方がない。では、朝読実施率が低くなるのはなぜか。文科省が策定した学習指導要領やその解説、あるいは２０１８年策定の第四次「子供の読書活動の推進に関する基本的な計画」を読んでも、そもそも小中と比べて高校の読書推進活動に対する記述は手薄だ。

なぜ高校生だと読書推進政策が手薄になるのか。文部科学省がこの違いに関して明言していている資料を筆者は見つけられなかった。おそらく「高校は義務教育ではないし、半強制的な読書によって語彙力などの基礎的な国語能力を高めるよりも、個々人の関心や学校の特色に沿って時間を使うべきだ」と文科省が考えている、というのが自然な推論だろう。

もっとも、意地の悪い見方もできる。さきほど少し触れたが、２０００年代以降に国がさかんに読書推進政策を進めた目的は、ＰＩＳＡにおける日本の15歳の「読解力」スコアと参加国内の順位上昇を狙っていたからだった。「２０００年調査よりも２００３年調査でＰＩＳＡの読解力スコアと順位が下がった」「フィンランドに負けた」といったことが、マスコミと教育界、政界を巻き込んだ社会的な騒動となったからこそ、国や自治体レベルでも２０００年代以降に読書推進政策が充実していったのである。逆に言えば、ＰＩＳＡを受験済みの高校生以上の読書冊数は、国際比較されてマスコミ等から叩かれる心配がない。だから小中までと比べると国レベルでは力が入っていない、とも推察される。

図12　大学生の一日の読書時間推移

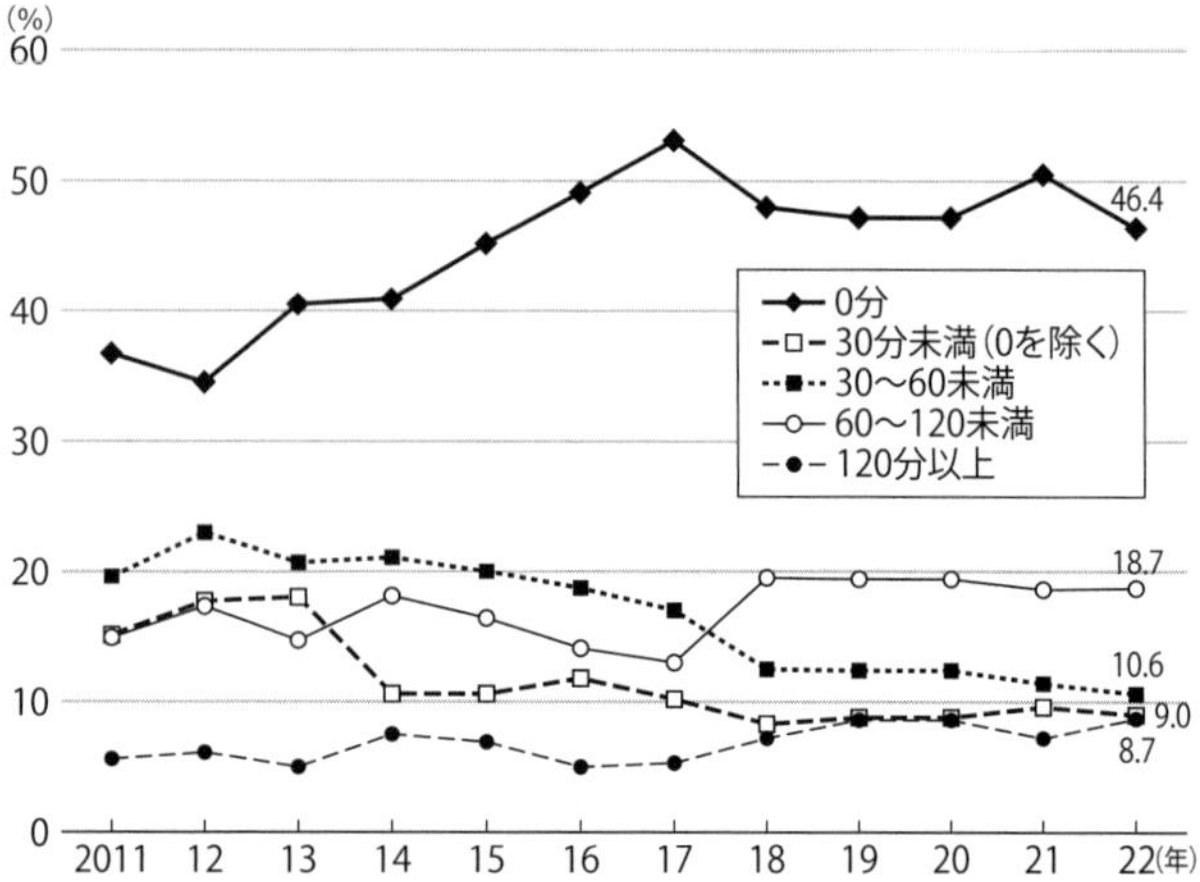

全国大学生活協同組合連合会「第58回学生生活実態調査　概要報告」、2023年より作成

理由はともあれ、高校生に対する読書推進運動は手薄である。「それならもっとやればいい」「高校生の読書冊数の少なさ、不読率の高止まりについて、学校で読書時間を設けて強制する以外に方策はないのか」と思った方もいるかもしれない。

ありうべき施策については本書後半で検討するとして、高校生の読書状況が「改善しない」理由を推察するために、いったん大学生や大人の読書に関するデータを見てみよう。なぜ？　と思うだろうが、まずは付いてきてもらいたい。

大学生の読書に関しては全国大学生協連による「学生生活実態調査」が経年で変化を追っている。２０２２年10月～11月に実施され、2023年3月に発表された、第58回学生生活実態調査（図12参照）によると、1日の読書時間を0分と回答した学生の割合（不読率）は、2012年には34・5％だったが、2022年には46・4％と、上昇傾向にある（不読率のピークは2017年の53・1％）。

調査方法や調査対象大学が同じではないのであくまで参考程度のものではあるが、1973年に首都圏の5大学と1短期大学の文系学生を対象に平賀増美が行った調査では、不読率は6・2％だった。

なんだ、大学生になるとやっぱり「若者の本離れ」は進んでいるじゃないか、小中学生に比べて高校生と大学生はダメだな、と思うかもしれない。

あるいは逆に「大学入学以降、遊びほうけていて勉強しない」などと、〝大学のレジャーランド化〟が批判されていた1980〜90年代の大学生より、「文科省の指導で講義の出席率が厳しくなり、昔よりまじめになった」と言われる今の学生のほうが本を読まないなんて変だ、と思う人もいるだろう（出席を厳格化した結果、学生が授業に出るのに忙しくなって読書時間が減った可能性も、ないとは言えないが）。

いずれにしても、大学生の不読率が大幅に上昇していることは事実だ。だが「大学生が本を読まなくなっている」のか、「本を読まない層が大学生になっている」のか、どちらの比重が大きいのかが、実は定かではない。「大学生」の内実自体が変わっているからだ。

文科省が発表している「大学入学者数等の推移」によれば、大学進学率は１９７０年代には20〜30％台だったが、２０２０年代には60％弱にまで上昇した。少子化にもかかわらず、大学入学者数自体は今も伸び続けており、直近では約63万人となっている。なお、国立大学の学生数はほぼ横ばい、公立大学は微増であり、大幅に増えたのは私立大学生、なかでもスポーツ推薦やＡＯ入試（総合型選抜）で入学する層の存在が無視できない。２０００年代以降、偏差値が中堅以下の私立大学が生き残りをかけて学生数を確保する定員充足ツールとしてスポーツを利用してきたことは、東原文郎『就職と体育会系神話　大学・スポーツ・企業の社会学』（青弓社）に詳しい。東原によれば、16の競技の学生アスリート人口を合計すると、２００８年から２０１７年までの調査で17・３％も増加したという。このようにスポーツ推薦等で私立大学に進学する人たちは、皆が皆でないにせよ、かつてであれば大学進学をしなかったであろう低学力層、そもそも本を読む習慣がない層がかなりの程度含まれていることは、想像に難くない。

もっとも、全国大学生協連による学生生活実態調査は、経年での変化を正確に見るため、指定した30大学（国立19、公立3、私立8）の数字を毎年追っている。だから大学生の不読率増加に関して、進学率の変化や低学力層の増加などは関係ないのではないか、と思うかもしれない。しかし文科省の調査では、推薦とＡＯ入試での入学者の割合を２０００年と２０１９年で比較すると、次のようになる。

国立＝10・５％（推薦10・２％、ＡＯ０・３％）↓16・３％（推薦12・２％、ＡＯ４・１％）
公立＝16・０％（推薦15・９％、ＡＯ０・１％）↓27・９％（推薦25・１％、ＡＯ２・８％）
私立＝38・９％（推薦37・２％、ＡＯ１・７％）↓54・２％（推薦42・６％、ＡＯ11・６％）

推薦・ＡＯ入試の割合は、この20年で大幅に増えている。

さらに言えば「一般入試」のほうも、私立大学はとくに入試方法が多様化しており、特定科目が突出した成績であったり、教科以外のものも含めて特定分野について優れた能力・実績をもつ学生であったりすると、いわゆる難関大学に入れるルートがかつてよりも増えている。今や国公立大やトップ私大も、多様な学生を集めている。ということは「本を読まない層が学生になる」確率、割合も増えているはずだ。

高校生の不読率は、学校読書調査では49・８％、東大＆ベネッセ調査では56・５％。全国大学生協連の学生生活実態調査によれば、大学生の不読率は50・５％。若者のふたりにひとりは本を読まない。嘆かわしい、と思うだろうか。

ところが、文化庁の平成30年度（2018年度）「国語に関する世論調査」では日本人全体の不読率は47・3％。高校生や大学生とほとんど差がないのである。大人も含めて日本では「ふたりにひとりは本を読まない」。

高校生以上にもなれば、読書を好むのか、それともそれ以外の娯楽や学習方法に時間を費やすのか、ある程度スタイルができあがっているはずだ。大学進学率が上昇して〝全入時代〟になり、入試制度が多様化したことで、「本を読み、文字ベースで学習する」タイプ以外の人たちも大学に入ってくるようになった。結果、今や大学生の不読率は、大人と変わらない状態になった。大学生の不読率上昇とは、おそらくそれだけのことである。

「読まない」と「読めない」をどう線引きするか

そもそも、小中学生にしているような半強制的な読書時間を設けることなしに、人が読書をするかしないかを、後天的にどれくらい変えられるものなのか。「変えられるに決まっている」とは思わないほうがいい。

たとえば、生まれつき読み書きに難がある学習障害・発達性ディスレクシアの人だけで、人口の数％いるといわれている。こういう人たちに「本を読め」と言うのは、目の不自由な人に「読め」と言うのと同様の乱暴な行為である。少なくとも文字の書かれている紙の本を読ませようとするのは、相当に難しいし、場合によっては教育虐待になりうる。

また、文字からよりも、人と話すことや動画から情報を得るほうが学習効果が高いという認知特性をもつ人もいる。認知特性とは、目や耳、鼻といった感覚器から入ってきた情報を記憶・理解・表現する能力のことで、記憶力やコミュニケーション能力、集中力に関わる。視覚優位や触覚優位の認知特性をもつ人たちに読書をすすめても、自分に「合わない」勉強法や娯楽を、映像メディアなどと比べて選択するとは思えない。

自発的に意思をもって「読まない」人の話や学力の話をしてきたと思っていたのに、どうして突然「読めない」人たちの話をするのか、と困惑した人もいるかもしれない。しかし、「読まない」と「読めない」の線引きは実際のところ難しい。

個人的な話をするが、筆者の息子は学習障害ではないが発達障害（ADHD）であり、彼の存在によって、筆者は定型発達の人間が当たり前にできることがきわめて困難である人がいる現実に改めて気付いた。彼は毎日決まった何かをコツコツ進めることや反復作業、一度やったことの振り返りができないし、学校で黙って座って授業を聞くことも苦手だ。一方では、定型発達が不得手なことが得意なのだが、ともあれ勉強が「できない」（can't）と「やりたがらない」（won't）の境は曖昧である。

同様に「本を読む」ことの得意・不得意、意欲にも人によって非常にグラデーションがあると考えられる。不得意なことを進んでやろうとする人間はあまりいない。高校生、大学生の半数を占める「本を読まない」人の存在を、「本嫌い」という個人の好き嫌いで片付けたり、第三者がサポートしてあげれば劇的に本を読むようになる、と信じたりすることには無理がある。本を日常的に読んでいる人、本を読むことに何の支障も感じない人の多くは、読むのが苦手、困難な人の苦労やつらさ、なぜイヤなのかがおそらくほとんど見えていないのではないか。「読書のおもしろさに気付きさえすれば、誰だって本を読むようになる」と信じている出版関係者や本好きもいるが、その相当手前のところでそもそも本を読むことに難がある、あるいは意欲がまるで湧かない存在もいるのである。

だから筆者は、本を読まない人が半分いることについて「問題視」するのではなく「当然視」するべきだと思っている（その前提に立った上で、働きかければ本を読むようになる余地がある人たちにアプローチするのは賛成だ）。

「本好き」の遺伝からの影響

読書に関する生得的なもの（遺伝）からの影響は、多くの人の実感やイメージよりも、おそらくはるかに大きい。

行動遺伝学者の安藤寿康《じゅこう》は、『生まれが9割の世界をどう生きるか』（SB新書）などの著作のなかで、人間のさまざまな好みや能力は、たいていの場合、生まれつきの遺伝によって5割、生まれ育った共有環境（本人には選択できない環境）の影響で3割、それ以外の非共有環境2割で決まるというのが行動遺伝学ではおおよそのコンセンサスであると書いている。また、読書を含めて、どんな行動を好み、何に関心を抱くかも同様の割合で決まるというエビデンスが無数にある、と。つまり本好きになるかどうかも、生まれつきの遺伝で半分は決まっている。遺伝的に文字、読書に興味を持てない・持たない人にいくら本のある環境を与えて育てても、興味を持つようにはならないのである。

安藤の論文「子供の読書行動に家庭環境が及ぼす影響に関する行動遺伝学的検討」（『発達心理学研究』1996年第7巻第2号）では、子どもの「読書量」は、子ども自身の「遺伝的影響」のみが反映された結果となった、と書かれている。「親の蔵書量」「親の読書量」「親が図書館・本屋につれていく頻度」「読み聞かせの頻度」「親の読書の好意度」に関しての、親の認知する環境（もろもろの事柄をどのように認識しているか）も、子どもの認知する環境のいずれとの関連性もなかった、と。ようするにこういうことだ。各家庭で実際にどんな読書環境を与えたのかは、あとからではたしかめようがない。だからこの調査では、親には「たくさん与えましたか」等々、子には「家に本がたくさんあったと思いますか、親は読み聞かせをよくしてくれましたか」等々という「認知」（主観的にどう思うか）を尋ねた。すると、子どもの読書量に対して、そうした環境要因からの影響はほぼ確認できず、遺伝的影響だけが「影響があった」と統計的にみなせる結果が出た。

読書量は、家庭環境よりも遺伝で左右される要素が大きい。そして前述したとおり、その人がもって生まれた家庭環境のような「共有環境」から受ける影響よりも、それ以外の「非共有環境」、つまり学校や公共図書館などといったものからの影響のほうがさらに小さいことが遺伝研究ではわかっている。さらに言えば、集団全体の遺伝的傾向は長い時間をかけ、幾世代も経なければ変化していかない。

「十分に脳が発達し、また、強制的な教育政策の影響が少なくなるハイティーン以上の読書量は、環境よりも遺伝で決まる部分が大きい」――これを前提に、文化庁の「国語に関する調査」を見てみよう。この調査では読書に関する質問を5年おきに設定しているが、さきほど紹介した２０１８年調査では、日本人全体の不読率は47・3％だった。対して、その10年前、平成20年度（２００８年度）に遡ってみても国民全体の不読率は46・1％なのである。Apple から初代 iPhone が発売されたのは２００７年だが、ＮＴＴドコモのモバイル社会研究所調査によれば、２０１０年には日本のスマートフォン普及率は４・４％、２０１８年には74・3％。「ネットやスマホの影響で人々は本を読まなくなった」としばしば言われるが、実際にはスマホ普及の以前と以後でほとんど変化がない。

濱島幸司「スマホ世代の読書習慣　多角的な読書文化を探る必要性」（『図書館雑誌20
19年11月号掲載）は、大学生を対象にした「学生生活調査」のデータを借りて分析したが、
読書習慣の有無とスマホ利用時間にはほぼ相関がなかった、と結論づけている。
もっと長いスパンで調査していたのが毎日新聞社「読書世論調査」だが、1960年代
から調査が終了した2019年までほとんどの年で、16歳から70歳以上までの日本人全体
の平均を見ると、書籍（単行本、文庫・新書）の読書率（本を読む人の割合）はやはり40％
台から50％台前半で、変化に乏しい――なお、1960年代前半より遡るとそれより低く
なる。
学校読書調査を見ても、読書冊数の変動が大きい小中学生とは異なり、さきほども言っ
たとおり高校生は1970年代からほぼ月1冊台で、なかなか2冊いかない状態がずっと
続いている。今と比べて娯楽が少なく、インターネットや身近なモバイルデバイスも存在
しなかった1960年代、70年代の高校生でも、平均すると月1冊以上、2冊未満だった
のである。しかしこれは、ある程度発達段階が進んだ人間が読書をどの程度するのかに関
して「環境より遺伝の影響が大きい」という前提に立てば、何も不可解ではない。
読書以外の時間の使い道が選択肢としていくら増えても、高校生以上の世代は、ふたり
にひとりは本を読むことを選択し続けている。ということは、今後も不読率はあまり変わ

図13　1カ月に読む冊数ごとの割合（%）

	読まない	1，2冊	3，4冊	5，6冊	7冊以上	わからない
平成30年度	47.3	37.6	8.6	3.2	3.2	0.2
平成25年度	47.5	34.5	10.9	3.4	3.6	0.2
平成20年度	46.1	36.1	10.7	3.3	3.3	0.5

（文化庁「国語に関する世論調査」）

らないのではないか。

不読率（読書〝率〟）だけでなく「読書〝量〟・読書時間」、言いかえると「割合」だけでなく「絶対量」に関しても遺伝の影響はある。そして読書に限らず、たいていの能力は正規分布になる。つまりおそらく日本人全体で見た場合には、日本人の読書量は一定の幅に収束する。行動遺伝学によると、人間は努力・訓練すれば無限に能力が成長するわけではなく、遺伝的に「セットポイント」が決まっているという。これは安藤が用いているたとえだが、足の速さにしても本を読む速度にしても、もって生まれたセットポイントが3の人は、怠けまくれば2になったり、意識的に訓練すれば4になったりはするが、生まれつきセットポイントが6の人にはどうがんばっても追いつけない。ということは、読書量を増やそうと外側からいくら働きかけても、また本人が努力しても、人それぞれに遺伝的に限界があり、集団で見た場合には一定の幅に収まると考えられる。

文化庁の「国語に関する世論調査」（これは若者限定の調査ではなく、日本人全体に関する調査）を経年で見ても、不読者が半分弱、月に1〜

2冊読む人が3割台、3～4冊読む人が1割程度、それ以外が合わせて1割程度という割合は、平成20年から平成30年の間でほとんど変わっていない（図13参照）。たとえばこの調査の月1～2冊を1・5冊、3～4冊を3・5冊、「それ以外」を月10冊と仮定して平均すると、

（月1・5冊×30％）＋（月3・5冊×10％）＋（月10冊×10％）＝1・8冊

また、読書世論調査では「16歳から70歳以上」までの書籍の読書冊数を1981年から調査・公表しているが、多少の波はあっても不読者も含めた平均では月に1冊台で、やはり2冊以上になったことがない（「読書している人」に限ると1990年代以降はおおよそ月に平均4冊台、よくて5冊台前半読んでいる。ただし今より娯楽の選択肢が少なかったはずの1980年代のほうが平均3冊台とやや少なかった）。

さきほど言ったとおり、学校読書調査では、高校生の月間読書冊数は半世紀にわたって平均1冊以上2冊未満の間を推移しているが、大人の平均読書量もそれと同程度なのである。

読書「時間」で見るとどうだろうか。大学生は、不読率が上昇したにもかかわらず、前

図14　1日の書籍＋雑誌への接触時間

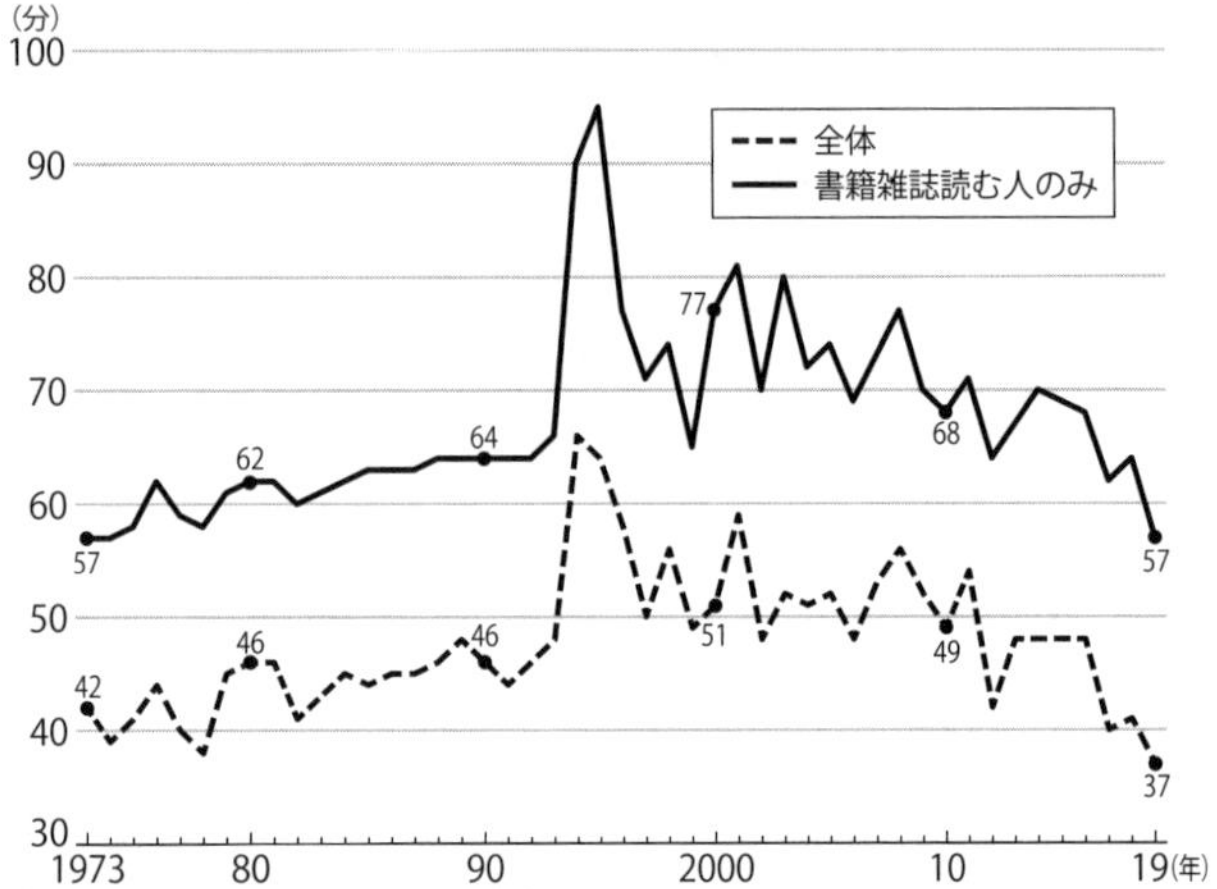

毎日新聞社「読書世論調査」より作成

述の生協の調査を参照すると、２０００年代以降、平均読書時間は不読者を含めた全体では30分プラスマイナス数分、本を読んだ人の平均は1時間プラスマイナス数分でほぼ推移しており、大きく減っているわけではない。また、さきほど引いた猪原敬介の「学校外読書」に関する分析によると、小中高生の読書時間は、小学校中学年以降はどの年代を取っても不読（0分読書）がもっとも多く、次に大きい山は30分程度だ。大学生の読書時間の平均32・7分（２０２2年）とほぼいっしょだ。小中学生と高校生以上とでは読書推進施策に大きな違いがあるにもかかわらず、学校外読書はいずれの年代でも30分程度がもっとも多くなる。

大人はどうか。読書世論調査では「16歳

から70歳以上」までの一日の「書籍・雑誌メディアへの接触時間」を尋ねている（図14参照）。これを見ると、94年に質問の仕方と回答を変更したため2年だけ不読者含む全体で平均60分以上、書籍・雑誌を読む人のみでは90分以上という突出して高い数字となった以外は、1970年代から調査終了の2019年までおおむね全体で40〜50分台、書籍・雑誌を読む人に限ると60〜70分台だった。これは書籍と雑誌を合わせた読書時間だから、書籍だけに限ればその半分程度だと推測すると、やはり1日30分前後なのではないか。

直近の学校読書調査（高校生）、学生生活実態調査（大学生）、読書世論調査や国語に関する調査（日本人全体）の数字は、読書率、読書冊数、読書時間のいずれも近似している。

まとめると、高校生以上の日本人は、ふたりにひとりが書籍を読み、月1〜2冊読む人が全体の3割。書籍を読まない人も含めた全体では、分量にして月に平均1〜2冊程度の読書量になる（本を読む人に限れば月に4〜5冊）。書籍を読む人は平均でも中央値でもおそらく1日30分前後、雑誌も含めれば6、70分時間を費やしている（しかし「雑誌離れ」が深刻なので「本離れ」が進行しているように見える）。そしてテクノロジーが進歩しようが、教育政策が変わろうが、高校生以上になると書籍読書の変化の幅は限定的である。それが遺伝的にもっとも心地良く、遺伝の影響のほうが外部環境から受ける影響よりも強いからだろう。つまり「出版不況」の本質は雑誌需要の大幅な減少と可処分所得の減少（総務省

図15　日本、韓国、中国の小中高生の読書率と月間読書冊数

	日本		韓国		中国	
	読書率	冊数	読書率	冊数	読書率	冊数
小4〜小6 (9〜13歳)	93.6%	13.2	93.2%	5.6	99.1%	0.9
中学生	81.4%	4.7	87.0%	2.0	90.1%	1.1
高校生	48.9%	1.6	82.1%	1.1		

全国学校図書館協議会「学校読書調査」2022年、韓国文化体育観光部
「国民読書実態調査」2021年度、中国新聞出版研究員「全国読書調査」2021年度をもとに作成

家計調査を見ると「書籍・他の印刷代」は2000年代以降、一貫して減少している）であり、書籍の読書量は大人も若者も減っていないのである。

韓国、中国の読書事情

他国と比べると日本の子どもは本を読んでいるのか、いないのか。隣国である韓国や中国と比べてみよう（図15参照）。

改めてになるが、2022年の学校読書調査では、日本の子どもの不読率は小学4〜6年生で6・4％、中学1〜3年生は18・6％、高校1〜3年生51・1％（1冊以上読んでいる人の割合を「読書率」とすると小学生93・6％、中学生81・4％、高校生48・9％）。1カ月の平均読書冊数は小学4〜6年生が13・2冊、中学生が4・7冊、高校生が1・6冊。

韓国文化体育観光部が「本と社会研究所」に委託実施した「国民読書実態調査」（2021年度）によると、韓国では、過去1年間に教科書・学習参考書・受験書を除く一般図書を1冊以上読ん

だ「年間総合読書率」（紙の本、電子書籍、オーディオブックのいずれかを読んだり聞いたりした割合）を計測している。これによると、韓国では小中高校生の平均読書率は91・4％。ただし前回2019年調査と比べて「紙の本」に限定すると、小学生は94・8％から93・2％に、中学生は91・6％から87・0％へ、高校生も86・3％から82・1％へ減少した。年間の読書冊数は小学生が66・6冊（月5・6冊）、中学生が23・5冊（月2・0冊）、高校生が12・6冊（月1・1冊）。

中国では、中国新聞出版研究院が「全国読書調査」を実施している。この2021年度調査では、書籍、新聞、定期刊行物、デジタル出版物を含む「全メディア合計の読書率」を尋ねている。これによると、中国の0歳から17歳までの未成年者の読書率は83・9％。もう少し細かく見ていくと、9～13歳の読書率は99・1％（2020年は98・7％）。14～17歳は90・1％。なお、平均読書時間は9～13歳で1日25・5分、14～17歳は51・48分。年間の平均読書冊数は9～13歳で10・21冊（月0・9冊）、14～17歳で13・10冊（年1・1冊）である。子ども向けの本を1日に50分以上も読むなら「年間」ではなく「月間」で10冊以上になるのではと思ったが、「2021年の」読書冊数とあるため、合っているはずだ。

3カ国の調査結果を整理すると、

・日本の小中学生の読書率は中国、韓国とさほど差がない

・平均読書冊数では中国や韓国より日本の小中学生のほうが圧倒的に多い
・高校生の読書率は日本が3、4割低いが、平均読書冊数では中国・韓国をやや上回る

日本でも小中学生は半強制的な朝読等によって高い読書率が実現していることを思うと、中国や韓国が高校生まで読書率が高いことも教育政策の賜物だろうと推察される。

興味深いのは、小中高いずれでも読書冊数は日本のほうが多い点だ。中国、韓国は低年齢のうちから熾烈な受験勉強を強いられるから、子どもも読書どころではなくて冊数が少ないのかもしれない。しかし、日本では代わりに部活動がさかんである（中国や韓国には基本的に日本の部活のようなものはない）。それを思えば「今の日本の子どもは忙しいわりにはけっこう本を読んでいる」と言っていいのではないか。もちろん、日本の子ども・若者向けの本が読みやすいよう工夫されているものが多いがために「冊数」が多い、という可能性もある。

ちなみに成人の紙の本の読書率は日本52・7％（文化庁「国語に関する世論調査」2018年度）、韓国47・5％、中国59・7％でそこまで差はない。いずれの国でも子どもの読書率は高いが、大人になると本を読む／読まない人の割合が半々くらいになる（もっとも、国際調査は同じ調査手法で多国間比較しなければ同一条件の比較にならない。ここでは統計の取り方も調査対象者の選び方も異なるものを並べただけだから、学術的に意味のある比較ではなく、

あくまで参考程度に受け取ってもらいたい）。

「TikTok売れ」の真相

「若者の読書（量）」に関して、２０２０年以降マスコミ上でもさかんに報じられた、短尺動画共有サービスTikTokでの本紹介動画（BookTokerとも言われる）の影響はどうなのか、と思った方もいるだろう。さきほどはスターツ出版がTikTok売れで過去最高益を達成した、という話もした。２０２０年以降、けんごをはじめ、書店での本の売れ行きを左右する力を持つTikToker（BookToker）が日本でも登場し、メディアで注目を集めたのはたしかだ。では実際のところ、その影響の度合いはどの程度のものなのか。「TikTok売れ」が始まる前の２０１９年以前と、始まったあとの２０２１年以降の学校読書調査を比べてみよう。

けんごの動画がきっかけで売れたとされる代表的なタイトルは汐見夏衛『あの花が咲く丘で、君とまた出会えたら。』（スターツ出版文庫）や、宇山佳佑『桜のような僕の恋人』（集英社文庫）、また２０２１年夏には、筒井康隆『残像に口紅を』（中公文庫）のような実験小説までが売れたことが話題になった。

ところが「TikTok売れしたとされる『桜のような僕の恋人』『あの花が咲く丘で、君とまた出会えたら。』『余命10年』『むらさきのスカートの女』などの作品およびその書き手は、実のところ、2019年以前から学校読書調査でのランキング上に顔を出している。つまりTikTokで話題になる以前から、10代の支持を得ていた書き手たちなのである。

つまり、これらはメディア上では「TikTokの影響で突然売れた」といった書き方をされることが多かったが、それは事実に即していない。もちろんそれまで動きが止まっていたか、売れ行きがゆるやかになっていたところに一気に売れたことは間違いない。TikTokを通じて、これまで本をあまり読んでこなかった層が買ったという現象はたしかに目新しかった。

しかし、無名の作家や作品、あるいは発売したての新刊や新奇なジャンルの本が、バズって重版につながった例は——2021年春以降、インフルエンサーと版元や書店、取次会社が組んで積極的に仕掛けられてはいるが——割合的にはまだまだ少ない。けんごが取り上げて跳ねた作品・作家は、過去に話題になったか、受賞歴がある、または映像化された作品が大半だ。国内の出版業界・読書系メディアは、慣習的に新刊を中心に取り扱う。一方、TikTokではそういう慣習がないこともあってか、発売から最低でも半年以上たって評価が定まった本が、さらに（あるいは再び）火が付くことが多い。

『残像に口紅を』にしても、1990年代前半に「週刊少年ジャンプ」に連載された冨樫義博『幽☆遊☆白書』（集英社）の元ネタとして、文芸の読者以外にも知られていた。さらに2017年、お笑い芸人のカズレーザーが、テレビ朝日系『アメトーーク！』で紹介したときにも売れている。

TikTok売れにおいては「新奇のタイトルが突然売れた」のではなく「すでに定評のあった作品・作家が注目を浴びた」ケース、新作でも「従来から人気のある『型』（後述）の小説が売れた」ケースが、実は多い。自由に使えるお金が少ない若年層は、ハズレを引きたくない気持ちが強い。そのため、動画のバズとそれに対するコメントなど、受け手の反応を見て「これなら間違いない」と確認してから本を買っていると思われる。TikTok発で本が売れることの「新しさ」が喧伝されたが、その裏にある、紹介者と受け手の「保守性」にも目を向けるほうが、この現象の実態をつかめるように思う。

『残像に口紅を』について加えておけば「筒井康隆の実験的な小説がTikTokをきっかけに再ブレイク！」と騒がれたにもかかわらず、2021年の学校読書調査では中高生男女のいずれの学年にも『残像に口紅を』は入っておらず、どういうわけかバズから1年以上たった2022年の調査で高3男子にてランクインしただけだ。したがって同作は動画がバズって「売れた」かもしれないが、中高生に広く「読まれた」とまでは言えない。

さて、ところでそもそもなぜ出版界、読書推進界隈でもTikTokに期待が高まったのか。

TikTokの特徴はレコメンド機能にある。アプリを立ち上げるとまずオススメの動画が再生されるが、これは必ずしもユーザーが登録しているアカウントのものではない。ユーザーの年齢・性別や過去の視聴履歴をもとに推薦された動画が表示される。おそらくほとんどの若い人は、本に関して何か知りたくて意識的、主体的に検索したり本紹介アカウントを登録したりしていて本紹介動画にアクセスしたのではなく、たまたまレコメンドによって遭遇したのである。

幼児から小学生までは学校や書店で読み聞かせがあるが、中高以上になると偶発的に本をオススメされるような機会は減る。読書推進活動としてよく名前のあがるブックトークやビブリオバトルは、基本的には本をすでに読んでいて好きな人たちの活動だ。つまり、そもそも本に普段興味をもっていない人や、いったん本から関心が薄れて図書館にも書店にも行かなくなった人たちに対しては、読書をすすめようにも、リーチする手段がなかなかないのである。しかしTikTokはその偶発的な出会いを作ることに貢献できるアルゴリズムを有している。

しかも、けんごがよく取り上げるライト文芸、それもケータイ小説の流れを汲む若年層向けの作品は、新聞や雑誌、レビュー・感想サイト上にあまり書評が出ないジャンルである。そういう意味で、彼のようにそれらを積極的に取り上げる紹介者の存在は、比較的新しい。ここが「TikTok 売れ」が注目に値する点である。

ではその影響力を定量的に確認・推計してみよう。

学校読書調査で特定の本を「読んだ」と言っている人数を見ると、２０２１年調査で高２、高３女子でトップとなった『桜のような僕の恋人』は、高２女子で21人、高３女子で15人があげている。なお、２０２１年の学校読書調査では高校１〜３年生４９０２名を対象に実施されているから、女子は各学年８００人くらいに尋ねており、そのうちの21人と15人、つまり２％弱が「読んだ」と回答している、ということである。

これは例年の学年トップ作品の約２倍にあたる。

たとえば２０１９年調査で１位になった作品は高２女子が『君は月夜に光り輝く』で８人、高３女子が『君の膵臓をたべたい』で６人である。２０１９年調査は高１〜３年生３４７９人を対象としていたから、そもそも調査対象者数が２０２１年は２０１９年の１・４倍になっている。それを鑑みると、２０２１年のトップ作品への投票者数は実質２倍程度になる。なお、中学生男女や高校生男子では２０１９年と２０２１年でトップ作品をあげる人数に変化は見られず、TikTok の影響は観測できない。

ということは、TikTok をきっかけに、高校生女子に対してのみ、トップ作品の本は倍も読まれるようになったと言える。また、２位以下も必ずしも TikTok の影響だけとは言い切れないものの、例年より明らかに増えている。

ところが、さきほど「高校生の平均読書冊数は何をやっても、外部環境がいくら変わっても、1冊台から変わらない」と言ったように、高校生の平均読書冊数は2019年が1・4冊、2021年と2022年はともに1・6冊とほとんど変わらない。つまり「TikTok は普段本を読んでいない人にも届ける力がある」のは、理屈上はそうだが、現実的に見ると効果はきわめて限定的である。

読書冊数のパイ自体はほぼ増えていないのに1位作品を読んだ人の数が増えたということは、高校生の限られた読書量のうちで、読まれた本の割合が変わっただけということだろう。例年であればもっとバラついていたが、2021年には TikTok をきっかけに特定の本に需要が集中した、しかし高校生全体の読書量は増えていない。あるいは『残像に口紅を』について言ったように、TikTok をきっかけに「売れた」かもしれないが必ずしも「読まれた」総数は増えていない。

では「売れ」のほうに対する影響は、実際のところ、どうなのか。

TikTok の日本のMAU（月間のアクティブユーザー数）は2019年の公式発表では950万、2021年10月に市場調査会社 App Annie が推計したところでは約1700万だという。そこからさらに増えたと仮定して2000万だとしよう。全国書店チェーンの本部勤務のマンガ紹介動画TikTokerとして著名な「書店員はな」に筆者が取材したところによると、２０２１年10月段階で、マンガを紹介する動画の再生回数が20〜30万いけば、全国書店で１０００冊くらい売れていると推測できる、とのことだった（「「TikTok で本の売り上げが変わる時代」マンガと小説ではどう違う？　書店員はなに聞く、動画と書店現場の関係」）。彼が配信した動画の再生回数と、自らが勤務している書店チェーンで動画を出したあと数日の本の売れ行きとの関係から推計したものだから、予測として大幅に外れてはいないだろう。ということはTikTok ユーザー２０００万人が全員同じ動画を観たとしても、TikTok 売れの上限は最大で10万部程度ということになる。これは全員が同じ動画を観たら、という事実上ありえない仮定を置いたものである。今では書籍が10万部売れたら大ヒットだが、10万部程度では「国民的大ヒット」「社会現象」とは言えない。普通は「TikTok 売れ」だけでは多くて数千部単位で動かすのが限度だ、ということだ。

しかも、動画の影響力は基本的には短期間にとどまる。書店員はなも、動画が投稿され、次の週末を跨ぐと影響力が落ちると語っている。したがって、影響力を長期化するには、版元と書店とインフルエンサーが足並み揃えて「仕掛けて」いく必要がある。ところが、本は品切れになると重版して書店に並ぶまでに３週間程度かかる。すると、関心が流れていくのが早い TikTok 上では、本が書店に届くころには「過去の話題」になってしまう。

2021年にけんごの影響力が持続したのは、複数メディアが中長期的に何度も彼のインタビューを掲載し、TVでもたびたび取り上げたからだろう。

これが楽曲のプロモーションでのTikTok利用なら、同じハッシュタグを使ったダンスチャレンジなどに無数の投稿者が参加して、2~3週間盛り上がることも珍しくない。出版物でも、映像化作品などの著名タイトルに関して、特徴的なセリフや動作を撮って気軽に投稿できるキャンペーンなら、同様の現象は起こせるかもしれない。だが、特定の新刊の紹介動画を、自然発生的に何十人もが手がけることは現実的に考えにくい。

では出版社がPR案件として、複数のインフルエンサーに動画制作を依頼するのはどうか。近年、フォロワー数の多い「TikToker」に対する発注金額は高騰している。先述した実績の実態を考え合わせると、ワリに合わないケースも少なくないと思われる。

小説の場合は、書店店頭に「TikTokで話題」棚を作ることで、少し前にバズったタイトルも再アピールできる。現にそういう企画がなされたことで売り伸ばした事例も多い。しかし、1作品ごとに巻数が多いマンガでは、複数のタイトルを並べ、棚を作るのはスペース的にも難しい。また、小説なら全国で100部単位で動けば売上ランキングが大変動し、ランキング入りしたことが人目に触れて、売れ行きがさらに伸びるという現象が生じうる。一方、もともと発行部数の多いマンガでは、たとえシリーズ累計で1000部プラスして売れてもランキング入りは難しく、同様の効果は得にくいだろう。

こうして見ると、TikTok の紹介動画は、若年層への「販売」について一定の効果があるのはたしかだが、出版社や書店は、他の施策と連動するなどの工夫によって、TikTok のクセの強さを補う付き合い方をしないと、大きく売り伸ばすことは難しい。

総じて、TikTok はメディアで喧伝されたものの、若者全体の「読書量」を押し上げる効果があることまでは確認できず、しかし、女子高生に対しては特定作品の「販売量」や読書冊数を増やす効果はありそうではある。つまり実質的には高校生女子が選ぶ「本のポーション（割合）を変える」——バズによって特定の本への関心の偏りを増やす効果があるとみなすのが、現時点では妥当だと思われる。

「最近の若者」の読書の実態

子ども・若者の読書について本章で書いてきたことをまとめよう。

・小中学生の書籍の読書率・平均読書冊数は、官民あげての読書推進施策によって2000年代以降、V字回復した

・児童書市場は少子化にもかかわらず堅調であり、ひとりあたり販売額は1990年代

末からほぼ倍増している
・「中高生向け」をやめた文庫ラノベ市場は2012年をピークに半分以下に減少
・小中学生までと比べて読書推進政策が手薄な高校生の書籍の平均読書冊数は1960年代中盤から月ほぼ1冊台。「昔の高校生はよく本を読んでいた」は幻想
・大学生の不読率は大学進学率とともに上昇。全入時代になり大人の不読率と同程度に
・外部環境がいくら変わろうが、日本人の半分が本を読み、不読者を含めると平均で書籍を月1～2冊、1日平均30分前後読む。これは長らくほとんど変わっていない。そして高校生、大学生の不読率や読書量は、今では大人とほぼ変わらない
・ネットやスマホが登場するなど、環境が変化しても高校生以上の書籍の不読率や読書量は大きくは変わらない。これは「読書量は遺伝的な影響のほうが、非共有環境（生まれ育った環境ではない、学校その他の後天的な環境）から受ける影響よりも大きい」という行動遺伝学の研究から整合的に説明ができる
・ネットやスマホに代替されてプレゼンスを下げたのは即時性やビジュアル的な要素が強い「雑誌」。「書籍」の需要は紙＋電子で2021年には1兆円を超えており、これはピークとされる1996、97年の紙の書籍の市場規模に匹敵するくらい今も根強い
・TikTokで話題になった本はもともと学校読書調査で上位にあった作品・作家である

ことが大半である。筒井康隆の『残像に口紅を』は2021年にバズったあとも学校読書調査の読んだ本上位にはほとんどあがっていない

・TikTokでの本紹介動画の影響は、高校生女子の買う・読む本の選択の偏りに拍車をかけたとは言えそうだが、中学生や高校生全体の読書量を押し上げたとは言えない

メディアで語られるステレオタイプな「最近の若者の読書」像とはあまりにもかけ離れているから、受け入れがたく思う人もいるかもしれない。だが、発表されている数字をもとに考えていくと、以上のようなことが言える。

次の章からは、中高生がどんな内容の本を読んでいるのかについて見ていきたい。

第二章　読まれる本の「三大ニーズ」と「四つの型」

衝動優位の10代の脳

まず考えたいのは、この年代が発達上どんな傾向をもつのか、ということだ。これを無視して議論を進めると、「昔から思春期の人間はそうだった」ことを「最近の傾向」と誤って捉えてしまいかねないからである。

フランシス・ジェンセン、エイミー・エリスナット『10代の脳　反抗期と思春期の子どもにどう対処するか』（文藝春秋）によれば、10代の脳の特徴は、情動の揺れ動きが激しく、衝動性が激しいことだという。

なぜそうなるのか。人間は、「古い脳」とされてきた大脳辺縁系――原始的な生物ももっている情動を主に司る部分――のほうが、「新しい脳」とされてきた前頭前野――理性や言語を司る部分――などよりも先に発達する。前頭前野は30歳ごろまでゆっくりと時間をかけて成熟していく（ここで「とされてきた」という書き方をしたのは近年の神経科学の研究ではこうした単純な二分法が否定され、脳はネットワークだと捉えられているからだ。しかしその点に深入りすると本筋から逸れるため、本書では旧来の通説を採用して以下を記述する）。

大ざっぱに言えば、10代の若者は、感情のほうが理性よりも優位な状態にある。何かを判断するときに、「行け！」というアクセルのほうが、「いや、冷静に考えるとどうなんだ?」とストップをかけるブレーキよりも利きやすい状態にある。さらに言うと、損得を見積もる際に、報酬を得られることのほうを、損失が生じることよりも過大に評価しがちでもある。

つまり、大人であれば「大丈夫なのか?」と吟味するところを、勢いで後先考えずにやってしまうし、冷静に考えると、しない／言わないほうがいいことでも感情にまかせてやってしまう／言ってしまう。

困ったものだ、と思うかもしれない。しかし、人類集団全体として見ると、身体が成長してきた若者が、大人と異なる意見をもち、反発してでも危険に赴く時期がないとまずいのである。集団全員が保守的になって誰もリスクを取らなければ、集団の営み全体が縮小再生産に陥ってしまうかもしれない。あるいは、いつまでも子どもが大人から自立(単立ち)しようとせずに、寄生している状態になると、パートナーを見つけて次世代の再生産に向かうことに支障が生じ、これまた長期的に見ると集団全体を危機に陥らせてしまう。だから若者が危なっかしい状態になることは、人類集団が生き残っていく上では重要だったと考えられる。ホモ・サピエンスの寿命は、地球史上に登場して以降、長きにわたって10代からせいぜい30歳前後で尽きてきた。死ぬ前の数年から十数年の間に、情動過多で血気盛んな状態になり、何かを得るために狩猟や戦に向かい、ドーパミンやアドレナリン、テストステロンといったホルモンに突き動かされてつがいを作り、子をなすことが、集団として生き残っていく上で必要だったのである。

人間の平均寿命や教育期間が急激に伸び始めたのは、近代に入って以降の話だ。今では教育期間の長期化によって、人間にとって10代はもはや感情に身を任せて過ごしていい時期ではなくなった。将来社会に出ることを見据え、大量に知識や経験をインプットしなければならない時期になっている。人が一人前の大人とみなされ、社会に出るようになる年齢は、たった200年前と比べても相当に後ろ倒しになっている。しかし、現生人類の脳の構造はそう簡単に変わらない。10代の脳は今も狩猟採集時代と変わらず、情動・衝動優位なのである。

中高生が好むフィクションの共通点

この年代が情動・衝動優位であることを踏まえて中高生が読んでいる本を眺めていくと、以下のようなニーズを満たしていることが推察できる（具体的なタイトルや作品内容の詳しい分析はのちほど行う）。

1　正負両方に感情を揺さぶる

2　思春期の自意識、反抗心、本音に訴える
3　読む前から得られる感情がわかり、読みやすい

ひとつずつ見ていこう。

1　正負両方に感情を揺さぶる

泣ける、こわい、ときめく、笑える、切ない、スカッとする……といった感情に激しく訴えかける要素が顕著な本が好まれている。それも「哀しい」「楽しい」一辺倒ではなく、アップダウンがあったほうが、より好まれる。物語終盤にエモさ（感情の昂《たかぶ》り）が爆発する作品がよく、地味で感情を動かす度合いが少ない話はうけない。また、逆に言えば、情動を揺さぶる以外の要素、たとえば知的であるとか文体が流麗であるといった要素は（あってもいいが）必須ではない。

2　思春期の自意識、反抗心、本音に訴える

子ども・若者が自立に向かって保護者や教育者の考えや教えを相対化し、他者の視線を気にするようになり、親しい人間にもなかなか言えないことを抱えるようになる時期にふさわしい内容が、好まれている。大人が子どもに説教するようなきれいごと、正論、押し

つけがましいだけの話、「いい子」なだけの主人公は好まれない。ただし、最初から最後まで斜に構えているだけで熱く内面を吐露しないものや、ビターテイストを超えて読後に不愉快な気持ちになるもの、ただつらいだけの話も好まれない。普段、友人や家族に言えないようなモヤモヤ、イライラ、不安や不満、反抗心、切実な想いなどをキャラクターが代弁し、昇華してくれるものを求めている。

3 読む前から得られる感情がわかり、読みやすい

語彙《ごい》が平易で、描写が少なく、設定やストーリーラインがシンプルなほうが望ましい。また、泣ける、エグい（残酷で心をえぐる）、キュンとするといった「読後感が読む前からわかる」ようなタイトルや設定、あらすじ、カバーその他のパッケージングが望ましい。つまり、パッと見で読む前から「エモそう」「ヤバそう」といった予感を与えてくれ、実際すらすら読める内容であり、細切れに読んでもすぐに話の筋やキャラクターが思い出せるもの、ということだ。

逆に、大人は好きでも中高生はそれほど好まないものには、たとえば以下のようなものがある。

・中心人物の内面・外見が社会人
主要な登場人物と読者（中高生）の年齢が比較的近く、10代からせいぜい20代である話のほうが好まれやすい。
・固有名詞やパロディが20代以上向け
知らないことをネタにされても、当然ながら中高生は反応しない。
・青年マンガ的題材（水商売・ヤクザ、性、お仕事ものなど）
後述するように、人が次々に死ぬデスゲームものや、自殺や殺人を扱ったボーカロイド楽曲を原作とした小説などは人気がある。だが、過激であればなんでもいいわけではない。中高生が自分たちと縁遠い「大人の世界」だと感じるような題材でよく読まれている作品はそれほど多くない。また、働いていないからだろうが、お仕事もの（ある特定の仕事をする人たちを主な登場人物にし、職場で起こる出来事・事件を描いたもの）への需要も少ない。
・社会派
社会的な要素を打ち出した、あるいは社会問題を扱った作品よりも、キャラクターたちに自分の心情を引きつけて読める話のほうが好まれやすい。
・「本好き」向け、本と関わる仕事の話

大人の本好きに対しては書店員や図書館員、出版業界人の話に一定の需要があるが、中高生向けではあまり目立たない。学校読書調査の「読んだ本」上位を見ても、三上《みかみ》延《えん》『ビブリア古書堂の事件手帖』（メディアワークス文庫）と有川ひろ（有川浩）の『図書館戦争』（角川文庫）がかつてランクインしたくらいである。

・文体、描写が特徴的

比喩や情景描写が巧みであるといったことは気にしない。文体が読書のハードルを上げる（読みづらくなる）ほうに機能している場合、むしろマイナスに働く。

したがって、たとえば村上春樹や森見登美彦、朝井リョウといった人気作家の作品はほとんど学校読書調査では入ってこない。「作家読み」されているとみなせるのは、2010年代後半以降では住野よる、東野圭吾、知念実希人など片手で数えられるほどしかいない。また、フィクションと比べると新書や実用書、ノンフィクションはかなり少ない。

読まれる本の「四つの型」

中高生がどんな本を読んでいるのかに関して経年で追える調査は2018年度までは二つあったが、2019年以降はひとつだけになった。

ひとつはたびたび言及している「学校読書調査」だ。こちらは小学校4年生から高校3年生までの「今年度に入ってから読んだ本を最大3冊まであげる」という質問項目の上位15位までのランキングを掲載している（巻末資料参照。毎年6月にこの調査は実施されており、2019年までは「5月1ヶ月間に読んだ本」だった）。

もうひとつは大手出版取次のトーハンのサイト上に掲載される「『朝の読書』で読まれた本」である。こちらは毎年アップされていたのだが、2019年5月に発表された、2018年度のデータを最後に更新されていない。したがって本書では基本的に学校読書調査をベースに扱う（論じる）本を選び、補足的に朝読のランキングを用いる。

本書では、中高生のマンガ読書事情や大学生の読書については基本的に扱わない。なぜならいずれも何を「読んだ」のかが経年で確認できるデータが調査・公表されていないからである。特定の大学生協で売れた本のランキングは発表されているが、たとえば東京大学の生協のランキングだけ見て「今の大学生はこれを読んでいる」と言うのは無理がある。また、取次や全国書店のPOSデータもオープンにされていないため、10代が買った本ランキングも不明である（加えて、売れたからと言って読んだ本としてあがらないものもあることは、前章で触れた『残像に口紅を』などで明らかである）。確実にわかっている情報をもとに分析できるのは、学校読書調査を参考に「中高生がどんな書籍を読んだか」に限られる。

その学校読書調査を見ると、調査年かその前年に映像化などのメディア展開によって認知度が急激に上がったヒット作が中高生の「読んだ本」上位にランクインしていることが多い。そしてほとんどの作品は、多メディア展開の波に合わせた認知度急上昇状態が終わると、翌年か翌々年には消えていく。しかし、毎年激しく入れ替わるなかで、5年〜10年、場合によってはそれ以上、中高生から支持され続けている作品や作家、ジャンルがある。

本書ではそうした作品を中心に取り上げつつ、2020年代以降の新しい動向にも触れていきたい。

まずは代表的な「型」を見ていこう。「型」とは、登場人物や作中世界の設定やプロット（あらすじ、筋書き）の基本的なパターンを指している。「ジャンル」と呼ばないのは、同じ「型」を使っていても、場合によってミステリーであったり純文学であったり、ホラーであったりゲーム系ファンタジーであったりするからだ。ジャンルをまたがり、さらには一般文芸かライトノベルかといった「出版カテゴリー」の違いも超えて共通する、中高生に人気の「型」が存在するのである。

その代表的なものを四つあげてみよう。

①自意識＋どんでん返し＋真情爆発

②子どもが大人に勝つ
③デスゲーム、サバイバル、脱出ゲーム
④「余命もの（死亡確定ロマンス）」と「死者との再会・交流」

もちろん、これが中高生が読んだ本の上位すべてに該当するわけではないが、けっこうな割合の作品が、このいずれかの要素を含んでいる。中高生の三大ニーズである、

1　正負両方に感情を揺さぶる
2　思春期の自意識、反抗心、本音に訴える
3　読む前から得られる感情がわかり、読みやすい

を効率よく満たす方法（表現上のパターン）の典型が、この四つということだ。それぞれを紹介していこう。

①自意識＋どんでん返し＋真情爆発

中高生に人気の「型」のひとつめは「自意識＋どんでん返し＋真情爆発」である。この型には次のような特徴がある。

・主人公は「周囲に馴染めない」という感覚と「他人とは違う」という〝自意識〟ない

し自己愛が一体になった、賢い（小賢しい）けれども人間関係が不得手な人物。ときにナルシスティックな振る舞いも見せる

・主人公が、親友や恋人など特別な存在となる人物と出会い、関係を進展させていくが、終盤驚きの展開が起こる

・主人公にとっての「特別な存在」が終盤に取る行動や明かした想いは、主人公に対する秘めた感情やそれまで伝えてこなかった考えに基づくものである

・それを知った主人公も、相手に対して抱えていた情動を吐き出し、エモさ（叙情、激情）が最大限に高まる。それが読者に対して切なさを喚起する

これを基本パターンとする。

主人公が他者からの視線や評価を気にする「自意識」と、作劇上の「どんでん返し」、そして「真情（秘めたる想い、溜めに溜めた感情）が終盤で爆発」することがセットになっている。

たとえば住野よる作品や西尾維新の〈物語〉シリーズ、必ずしもこの類型に完全に合致するわけではないが似たものとしては、太宰治『人間失格』や、学校での居場所をなくして閉じこもっていた主人公が、部屋の鏡をくぐり抜けた先の城で似た境遇の6人と出会うというファンタジー青春ミステリー小説・辻村深月『かがみの孤城』などがある。

ここでは2010年代後半以降、中高生にもっとも支持されている作家と言える住野よるの作品を例に、人気の理由を考えてみよう。

学校読書調査や「『朝の読書』で読まれた本」を見ると、住野の作品は2016年調査にデビュー作の『君の膵臓をたべたい』（『キミスイ』、双葉社）がランクインし（本の発売は2015年6月）、同作は2017年7月に実写映画が公開、2018年9月にアニメ映画が公開されて以降も、ずっと人気が続いている。最新の2022年の学校読書調査でも、『キミスイ』のみならず、映像化されていない『また、同じ夢を見ていた』（双葉社）『か「」く「」し「」ご「」と「』（新潮社）『よるのばけもの』（双葉社）もランキング上位にある。つまり「映像化の影響で作品が読まれている」というより、作品自体のもつ魅力に中高生が惹かれて読まれていると見たほうがいい。

住野よる『か「」く「」し「」ご「」と「』（新潮社）

中高生の三大ニーズに引きつけて整理すると、以下のようになる。

1　正負両方に感情を揺さぶる

住野作品では、集団から浮いている存在（主人公）が、替えがたい理解者を得るという喜びが描かれる。

しかしその理解者ともすれ違いがあり、切ない別れがある。終盤にはどんでん返しが用意されており、読者はその驚きを感じながら、登場人物たちが感情を昂らせて吐露するという怒濤の展開を体験することになる。

2 思春期の自意識、反抗心、本音に訴える

住野作品では、自分の認識（主人公から見えている世界）と、他人の認識（他人から見えている世界）の差があるから生まれる悩みや軋轢《あつれき》、ギャップが扱われる。思春期の人間には、自分が思っている／見せたい自分と、他人からの扱いの差に悩むことがよくあるが、そういう感覚をうまくすくって描いている。

住野作品の主人公は、自分は周囲の人間とは違って集団に染まらずに一歩引いた視点から俯瞰できている（その代わりに友だちはいないか、少数に限定されている）、と思っている。だが、それは思春期にありがちな驕《おご》りだということが徐々に露呈してくる。

主人公の自意識（自己認識）と、外から見えたときの印象（他者による認識）には、ギャップがある。主人公が惹かれる人間もまた、主人公には見えていない（見せていない）部分がある。このように登場人物間で、お互いの認識や印象の落差が存在する。だが、主人公は自分から見た場合の認識と相手自身が抱いている認識のズレにしばらく気付けない。

住野作品の主人公は、もっとも身近な人間のことでさえ「この人はこういう人」「これは

こうあるべきだ」と勝手に見積もり、過剰に期待し、「自分は正しい」と突き進んで、手痛い目に遭う。

たとえば『また、同じ夢を見ていた』では主人公の小学生女子が、絵の好きなクラスメイト（男子）の父親にある疑惑がかけられ、その疑いからその子を擁護しようと、彼をいじめてくるほかの男子たちに対して論陣を張る。しかし、主人公の他人をバカにしきった態度が災いして、当のクラスメイトからも「やめてよ！」と言われてしまう。

だが最終的には、いくつかの事件を経て、他人の視点とぶつかりあうことで、自己認識／他者からの認識のズレは矯正される。主人公も、それに相対する重要人物も、互いに視野狭窄《きょうさく》だったと実感する。主人公が好きな人間も、嫌いな人間も、みなそれぞれに事情があり、見ている世界が違うということを描いていく。

3　読む前から得られる感情がわかり、読みやすい

『キミスイ』は（結末にひとひねり加えてあるものの）あらすじからして「余命もの」――主人公かそのパートナーが死ぬことが予告・予感されている物語。詳しくは後述――であることが一目瞭然だ。『か「」く「」し「」ご「」と「』も、学校を舞台に複数人の男女が描かれた表紙とタイトルからして、思春期の人間が互いの関係のなかで抱える隠しごとがテーマで、葛藤や恋愛感情に満ちた青春模様が描かれるであろうことは予想が付く。夜

になると化け物になる男子中学生が、深夜に忘れ物を取りに忍び込んだ学校で「空気が読めない」と言われていじめられているクラスメイトの女子と出会う『よるのばけもの』や、自分は賢くまわりの人間はバカだと思っている友だちのいない女子小学生が「アバズレ」と罵られている風俗嬢やリストカットをくりかえす女子高生と出会う『また、同じ夢を見ていた』は、パッと見でどんな話になるか予想が付きにくいものではある。ただ、『キミスイ』を読んだ人間であれば、また「事情を抱えた、素直じゃない人間同士が出会って最後どんでん返しがあってエモさが爆発する作品になるんだろう」と想像は付くし、実際そうなる。

一方で、住野作品のなかでもたとえば『麦本三歩の好きなもの』（幻冬舎）が学校読書調査上位に入っていないのは、読者が住野作品に求める、クライマックスでの激情の吐露がないからだろう。

「エモい本音のぶつけ合い」は現実にはない

自意識＋どんでん返し＋真情爆発型作品では、感極まってそれまで言えなかった熱い想いを吐露しあう場面が描かれる。このあと紹介していくデスゲーム、余命もの、死者との再会でも、実は終盤にはほぼ必ずそういう展開が用意されている。そしてそのような作品群が、少なくとも20年以上にわたって中高生に支持されている。

しかし現代日本の実際の10代の多くは、リアルな人間関係において、本音をさらけ出してなんでも話し合える友人関係や恋愛を謳歌しているわけではないだろう。そういうことができている人は少数派のはずだ。むしろこれまで紹介してきた物語の序盤における主人公がそうであるように、他人に対して踏み込まないようにしているし、踏み込むことにためらいを感じる若者のほうが多いだろう。近年の若者に関する書籍を開くと、いくらでもそうした報告や分析を見つけることができる。

たとえば澁谷智子『ヤングケアラー　介護を担う子ども・若者の現実』（中公新書）には、家族の介護に忙殺されている若者の心理が描かれている。ヤングケアラーたちは、友人も教師も自分の真の苦しさを理解してくれていない、いや、そもそも他人には理解できるはずがないと思っている。また、自分が置かれた状況や苦しさについて話すと同級生などに「重すぎる」と引かれ、距離を取られることをおそれ、「誰にも言えない」と感じている。

また、『先生、どうか皆の前でほめないで下さい　いい子症候群の若者たち』（東洋経済新報社）を著した金間大介は、若者は周囲から浮くことをおそれている、と書いている。学生の自己紹介を観察すると「自分から話しかけるのは苦手なんですけど、なんでも言ってください」「いつでも話しかけてください」と口々に言う――つまり、実質的には受け身なのだが表面的には社交的な人間だとアピールする「積極的に見える受け身」な振る舞いが見受けられる、と言う。こういう態度から「深い付き合い」が生まれるとは考えにくい。

社会学者の石田光規は『友人の社会史』（晃洋書房）や『「人それぞれ」がさみしい「やさしく・冷たい」人間関係を考える』（ちくまプリマー新書）のなかで、地縁・血縁や企業共同体の希薄化に伴い、人間関係の流動性が上昇した結果、日本の若者は1980年代ころから何でも打ち明けられる「親友」をもてなくなってきている、と指摘している。1960年代ごろまでの農村社会であれば、人間関係は生まれ育った地元に閉じていた。好むと好まざるとにかかわらず、近所付き合いにしても仕事仲間との関係にしても、死ぬまで続くのが当たり前であった。つまりお互いにズケズケと踏み込んで言い合ったとしても、関係を完全に壊したり、付き合いを断ち切ったりすることは困難だった。一方で現代社会においては、友人関係は自ら「選択」して築き、維持するものに変わっている。選択的な人間関係は、簡単に「切る」こともできるし、「切られる」こともある。現代の若者たちは、集団のなかで孤独になり、浮くことをおそれ、他者とのつながりを求める。しかし、本音や突っ込んだ家庭事情などを打ち明けることは、ヤングケアラーに限らず、友人に引かれてしまうリスクがある（と感じる）。相手に対して立ち入ったことを尋ねるのもまた、相手の機嫌を損ね、空気が読めないやつと思われて友人関係が途絶するリスクが生じる。結果、どうなるか。石田は、大学のゼミに来る学生たちが「人それぞれだからね」と言って、お互いを尊重しているように見えつつも一線を引き合って立ち入らなくなっており、深い人間関係を築かなくなっている、と語っている。関係を維持すること自体が優先され、互いの意見を批判しないために、ゼミの議論は盛り上がらない。たとえ誰かが突然欠席するとか、普段と様子が違うことがあっても「人それぞれだから」踏み込まず、自ら深い事情を友人に打ち明けることもなければ、尋ねることもない、と。

興味深いことに『友人の社会史』では、時代が下り、関係の流動性が高まるほど、新聞記事上に「友情の物語」が増えていると指摘されている。これは現実のそこかしこに熱い友情が転がるようになったからではなく、逆に、現実に存在しなくなってきているからこそ、物語としての需要が高まっているのではないか、と石田は言う。

つまり本書の議論に引きつけていえば、誰かに本音を吐露し、激情を交わし合いたいという若者のニーズは根強くある。にもかかわらず、ズケズケと相手の内面に踏み込み、本音をぶつけ、感情を互いに昂らせ、分かち合う関係は、虚構のなかにしかほとんど存在しない——現実には「ありえない」ものになっているのである。

住野作品は「人間関係について『踏み込めない』だけなのに、『あえて踏み込まないんだ』とかかっこつけて、なんでもわかった風にしてるんじゃねえぞ」と読者に突きつけてくるところがある。そして登場人物たちが本心と真意を吐き出した先には、カタルシスがある。入り口は10代のリアルな自意識に始まり、ラストはもはや現実にはきわめてまれな、ある種の理想化された青春に辿り着く。それこそが、住野作品が中高生に深く刺さる理由だろう。

『人間失格』の根強さ

太宰治『人間失格』は「自意識＋どんでん返し＋真情爆発」という「型」にそのまま合致するわけではないが、類似作品である。同作は2021年の学校読書調査では高1男子の読んだ本の1位になり、2022年も中高生男女の上位に見られた。少し遡ると、2018年の調査でも高校生女子の上位に入っている。1948年に発表された小説が、70年以上もあとの2020年代の思春期の自意識に刺さっている。驚くべきことである。

もちろん『人間失格』は、読書感想文や各社の夏休み文庫キャンペーンなどの定番作品ではある。しかし、学校読書調査に近代文学の名作が各学年においてトップクラスに読まれることは、2000年代以降はまれだった。それがなぜ、ここへきて再び急に人気を得てきたのか。

背景として考えられるのは、2013年から連載が始まった原作・朝霧カフカ、漫画・春河35によるマンガ『文豪ストレイドッグス』（『文スト』、KADOKAWA）や、2016年にリリースされたブラウザゲーム『文豪とアルケミスト』（『文アル』、DMM GAMES）のヒットである。

両作ともに、太宰をはじめ芥川龍之介、江戸川乱歩ら近代文学の文豪をモチーフにした、異能の力をもつ同姓同名のキャラクターが登場する。ともに女性を中心に高い支持を得て、アニメ化、舞台化もされている（ちなみに『文スト』の小説版も、学校読書調査にランクインしている）。角川文庫は2016年から、アニメ化に合わせて『文スト』のキャラをデザインしたコラボカバーで『人間失格』をはじめとする近代文学の名作を刊行している。

しかし単にそれだけの理由なら、同じく『文スト』や『文アル』でメインキャラクターとして登場する中島敦の『李陵・山月記』、織田作之助の『夫婦善哉』なども、同様に人気が出ていいはずである。加えて『文スト』や『文アル』には、太宰以外の人気キャラも当然存在する。にもかかわらず、『人間失格』を除けば太宰の『斜陽』、江戸川乱歩作品と夢野久作の『ドグラ・マグラ』、芥川龍之介の『羅生門』くらいしか学校読書調査の上位作品には見当たらず、なかでも中高生には『人間失格』が突出して、かつ、継続的に読まれているのである。

これらを鑑みると、太宰をモチーフとするキャラクターが人気になったおかげで、作家・作品の認知が改めて広がった、ということだけでは『人間失格』人気の説明はつかない。作品を「知る」きっかけが存在することと、中高生が実際に選んで「読む」にまで至ることはイコールではない。彼らが「知った」上で「選ぶ」理由は、小説の中身に存在する。三大ニーズに照らし合わせて整理してみよう。

1 正負両方に感情を揺さぶる

幼少期に女中や下男に犯されて育った主人公が、人妻との心中未遂を経てアルコールや薬物に依存し、家族に精神科病院に入院させられる『人間失格』が、明るく楽しい面もある作品だと思う人間は少数派だろう。しかし、明らかに読者をいい気持ちにさせる面も存在している。キーとなるのは主人公・葉蔵の人物像だ。葉蔵は、自己卑下するものの本質的には賢く、自己愛の強い人間として描かれている。スペック（各種能力、才能などの外形的な部分）を見ると、葉蔵は金持ちの息子で、そのうえ外見的には美形で、異性に不自由しない。たびたび破滅的な行動に走るが、なんだかんだ手を差し伸べてくれる人間が現れる。周囲からの期待を裏切り困った行為に及びながらも、何かと助けてもらえる主人公に対して若い読者は自らを重ね合わせるから、読んでいて悪い気がしないのである。

これは中高生向けの作品に限った話ではないが、一般的に、主人公を「どこにでもいる普通の高校生」だとか、葉蔵とは対照的に「バカで貧乏で醜悪でモテない人物」にしても、大衆的な支持を得られる可能性は低い。作中で「普通」と形容されていたとしても、客観的に見るとまったく普通ではなく、どこか突出したスペックをもち、個性的な性格であるなど、何かしら人目を惹く設定であり、それを使って活躍することで読者を満足させるフィクションのほうが売れている作品では割合的に多い。たとえば累計発行部数１５００万部を超えるヒット作となった皆川亮二（原案協力・七月鏡一《ななつききょういち》）のＳＦアクションマンガ『ＡＲＭＳ』の主人公は「普通の高校生」ということになっているが、実際には幼少期からサバイバル技術や戦闘技術を叩き込まれ、物語スタート時点で身体能力が並外れた存在であり、まったく普通ではない。

『人間失格』も、思春期の人間が「これは私の話だ」と共感し、どこか陶酔しながら読むことができるのは、「ハイスペ」（ハイスペック＝さまざまな能力に優れている）な存在だからでもある。人間はそもそも自らの能力を過大に見積もる傾向があるが、思春期はとりわけ「自分は特別な存在だ」という意識が高まる（と同時に、そうとは周囲から認められずに傷付きもする）年代である。『人間失格』は「他の人間とは違う」ことの愉悦を描いた作品でもある。

2 思春期の自意識、反抗心、本音に訴える

言うまでもなく『人間失格』の主人公・葉蔵は、本心を隠して「道化」を演じ、周囲からの視線を気にしている自意識過剰な人間である。葉蔵は人生のなかで遭遇するさまざまな出来事にセンシティブに反応し、極端な行動を選ぶ。その感傷的な筆の運び、生きづらさの描写、なかなか人に言えない本心を吐露するところは、住野よる作品などに通じるものがある（もちろん、作品発表の順番からすれば「住野よる作品には『人間失格』に通じるところがある」と言うべきだが）。

3 読む前から得られる感情がわかり、読みやすい

『人間失格』は、他の『文スト』『文アル』に登場する近代文学作品に比べて圧倒的に読みやすい。文章が平易だし、現代史や文学史の知識がそれほどなくても、十分読める。全体の分量も文庫で200頁前後と短い。近代文学の名作のなかでは、現代の若者でも「入りやすい」ものである。

また、『人間失格』では作中で入水自殺（未遂）が描かれるが、周知のように太宰自身も入水自殺を遂げている。そのことから作中の人物と作家を同一視し、死が絡む〝（半）実話〟の恋物語として受容しやすい。これはこのあと詳しく紹介する余命ものの代表格である小坂流加の小説『余命10年』にも通じる（小坂は病を患い、作品の脱稿後に夭逝した）。

児童文学の評論家・アンソロジストの赤木かん子は、『子どもに本を買ってあげる前に読む本　現代子どもの本事情』（ポプラ社）のなかで、図書館等での子どもの読書行動を観察していると、実話や実在の人物が描かれた本（赤木言うところの「リアル系」）でないとほとんど興味を示さない人／子どもも実は少なくないのだ、と指摘している。実話・実在の人物と言っても「リアル系」の本には、ノンフィクションだけでなく小説も含まれる。さらに言えば、実際に実在の人物をもとに描いたのかどうか、どれくらいフィクションが含まれているのかを一般読者がいちいち調べたり検証したりしながら読むことはまれである。つまり、ある小説がリアル系なのかどうかは、読み手側が「これは実話／実在の人のことを書いたものだ」と思って受容するかどうかが線引きになる。

赤木によれば、情景描写・心理描写・人物描写を極力排した文体で書かれた、事件と会話を追えば読める小説こそ、フィクション度合いが強い作品（赤木言うところの「空想系」）を好む子だけでなく、リアル系しか読めない・読まない子も好む例外的なものなのだという。つまり「リアル系」だが「小説」（フィクション）である作品は、実話・実在の人物が描かれた本好きにも、虚構好きにも、どちらのタイプの読者にも届きやすいのである。

中高生に人気のある『人間失格』や『余命10年』は、読者が主人公と作家自身の人生を重ね合わせて読んでしまう「リアル系の小説」、「半実話」（実話をベースにしたと読者に感じさせるフィクション）である。

実はこの2作以外にも「リアル系の小説」は、学校読書調査で人気上位の本としてしばしば観測できる。2000年代以降に限っても、2000年代初頭には匿名掲示板サイト2ちゃんねる発の恋愛ストーリー『電車男』（新潮社）や第一次ケータイ小説ブーム（Yoshiの『Deep Love』などの諸作）があり、2000年代半ばから後半にかけての第二次ケータイ小説ブーム（Chaco『天使がくれたもの』、美嘉『恋空』など）があり、それから坪田信貴『学年ビリのギャルが1年で偏差値を40上げて慶應大学に現役合格した話』（『ビリギャル』、KADOKAWA）等々があった。

若者と大人を比較した場合、「フィクション」をあまり読まないが読書はするという大人の多くは、「実用書」を中心に読む印象がある。しかし10代は実用書、ハウトゥ本よりも「実在の人物の物語」からなにがしかを得ようとする傾向が、大人よりも強いように思われる。たとえば児童書では偉人の伝記はいつの時代でも人気だが、大人になると伝記を読む人は少なくなる。大人が「何かを実在の人間から学ぶ」ときには、主に実用書を読む。そして子どもから大人への移行期には「（半）実話」の需要がある。こういうことなのではないか。

したがって2010年代以降に『文スト』『文アル』効果で注目された太宰治の『人間

失格』は、思春期に芽生える煩悶、人に本音を言えず、人前でキャラを繕っている自分の演技が見破られるのではないかというおそれを描き、その生きづらさに絶えきれなくなって自殺した人物の物語だから、ということだけが人気復活の理由ではないだろう。作家の「（半）実話」として、中高生が改めて「発見」（受容）したから、という面も無視できないのである。

②子どもが大人に勝つ

中高生に人気の「型」の二つめは「子どもが大人に勝つ」というものだ。ここで言う「子ども」は「若者」を含む。つまり10代が基本だが、小中高大学生はもちろん、社会人なりたてくらいまでを含む。

「週刊少年サンデー」連載のマンガ『名探偵コナン』の小説版（小学館ジュニア文庫）や、中学受験の塾で出会った特殊能力の持ち主たちが次々に起こる事件を解決していくミステリーである『探偵チームKZ事件ノート』（藤本ひとみ・原作、住《すみ》滝《たき》良《りょう》・文、講談社青い鳥文庫）、1985年に角川文庫から刊行した『ぼくらの七日間戦争』を皮切りに、イタズラ好きな英治やリーダーシップのある相原などの少年少女が活躍して汚い大人をやっつける『ぼくら』シリーズ（宗《そう》田《だ》理《おさむ》、角川つばさ文庫ほか）などが例としてあげられる。

最近の10代は「反抗期がない」「親と仲がいい」とよく言われる。しかし、１９８０年代のように校内暴力というわかりやすいかたちで噴出していないからといって、若者が大人（が象徴する社会規範）に対して不満がないとは言えない。不満がないなら、「生きづらさ」が今のようにメディアやＳＮＳでフォーカスされる時代にはなっていないだろう。むろん、同年代との人間関係から生まれる生きづらさもあるはずだが、周囲の大人との関係や社会秩序、制度へ適応しがたいから生きづらい、という面も大きいはずである。

また、「中高生向けの作品では、大人が主人公の物語はあまりうけていない」という話をした。中高生が理解・共感しやすい若者を主人公にして友情や恋愛などを描こうとすると、敵役はたいてい同年代の悪いやつ・イヤなやつか、大人（中高年）になる。そして、大人のほうが子どもよりも身体能力が高く、権力を行使できる。つまり、主人公と同年代の人間をライバルにした場合よりも、倒しがいのある存在として設定しやすい。さらに言えば、大人が相手のほうが、若者たちが抱く不満や生きづらさを作り出している原因としての意味合いをもたせられる。

「子どもと大人が協力し合う話はないのか？」と思うかもしれない。むろん、ある。ただし、たとえば宗田理の『ぼくら』でも、住野よるの『また、同じ夢を見ていた』でもそうだが、主人公たち子どもに味方する大人は、社会一般からは浮いた存在、風変わりな人にされることが多い。つまり子ども／大人、正義／汚いあるいは反抗／抑圧といった、作中の二項対立的なコードを踏まえた上で、「子ども寄りの価値観をもつ大人」という例外的な存在が、子どもに味方することが多い。

ノベライズが中学生にも人気な『名探偵コナン』の場合は？　『コナン』では子どもたちが警察権力とも共闘しているが、警察が「社会において例外的な存在」とは言いがたい。とはいえ子ども（コナン）の有能さと大人（警察）の相対的な無能さを対比させるために大人側は配置されている面があるから「子どもが大人を負かす」ために登場しているとも言える。また、『コナン』に出てくる「大人」のなかでも、警察サイドでコナンたちに協力的かつ活躍するキャラクターは、目暮警部を除けば比較的若いことが多い。

「三大ニーズ」にどうあてはまるのか

「子どもが大人に勝つ」の型が三大ニーズをいかに満たすのか、整理してみよう。

1　正負両方に感情を揺さぶる

子どもが大人を打ち負かす話で、子どもがポジティブな感情が得られるのは当然である。反対に「ネガティブな感情は描かれるのか？」と思う人もいるかもしれないが、敵役である大人が主人公たちに対して重圧をかけ、嘲り、罵り、裏切り、無慈悲な振る舞いをするといったことで、怒りや哀しみ、絶望や不安といった感情を子どもにもたせられる。

2 思春期の自意識、反抗心、本音に訴える

「子どもが大人に勝つ」話では、大人に対して子どもが抱く不満をストレートに描きやすい。親や教師の無理解や押しつけに対して主人公たち若者は反発する。また、これらの作品では、進路選択に際しての迷い、同年代の友人や恋人との離別に対する不安、迫りくる卒業までの時間のなかで自らの歩むべき道を選ばなければいけないことに由来する心配なども描かれることが多い。

3 読む前から得られる感情がわかり、読みやすい

この「子どもが大人に勝つ」という「型」は、読む前からどんな話になりそうなのか、読後にどんな気持ちになりそうかという想像・予想の喚起度合いは、後述するデスゲームや余命ものほど自明ではない。ただ、子どもが活躍して謎を解いたり敵を倒したりする話で、友情などが描かれそうだから楽しい話なのだろう、くらいの予測は付く。

あとは個別の作品が、本の帯やカバーの裏側に書けるあらすじレベルでどれくらいわかりやすく感情喚起できるかにかかっている。たとえば『探偵チームKZ事件ノート』の第1巻あらすじなら「小学6年生の立花彩《たちばなあや》。友だちと学校でちょっとギクシャクしているし、家族のこと、勉強のことなど毎日なやみはつきません。そんな彩が塾で出会ったのは、エリート4人組の男子。目立ちたがり屋やクールな子など超・個性的な彼らと、消えた自転車のなぞを追うことになったのですが……。なぞ解きやドキドキがいっぱいの本格ミステリーはじまります！」。『ぼくらの七日間戦争』の角川つばさ文庫版あらすじであれば「東京下町の中学1年2組の男子生徒が廃工場に立てこもり、子ども対大人の戦いがはじまった！　女子生徒たちとの奇想天外な大作戦に、本当の誘拐事件で、大人たちは大混乱。」である。「友だちとギクシャク」「毎日なやみはつきない」「子ども対大人の戦い」「大人たちは大混乱」といった明快なフレーズが入っている。

藤本ひとみ・原作／住滝良・文『探偵チーム KZ 事件ノート　消えた美少女は知っている』(講談社青い鳥文庫)

この「子どもが大人に勝つ」タイプの作品については、このあと児童文庫についてまとめた部分で詳しく触れることにしよう。

③デスゲーム、サバイバル、脱出ゲーム

登場人物同士が命をかけて（多くの場合は最後のひとりになるまで）閉鎖空間のなかでなんらかのゲームを行うか、殺し合いをくり広げる

「デスゲーム」。あるいは極限状況での生き残りをかけた「サバイバル」もの。そして、閉鎖空間に閉じこめられた登場人物たちが怪物やシリアルキラーなどの魔の手から逃れて外部へと「脱出」するものが、三つめに紹介する人気の「型」だ。

この嚆矢《こうし》と言えるのが、1997年に日本ホラー小説大賞の最終選考に残るも選考委員の間で賛否両論となり、紆余曲折を経て太田出版から1999年に刊行された高見広春『バトル・ロワイアル』である。同作は「中学生がクラスメイト同士、殺し合う」という設定が物議を醸しながらも、100万部以上の大ヒット作となった。

『バトロワ』を代表格とするデスゲームものは、今ではとくに騒がれなくなった。

しかし気付けば小学校高学年〜中高生には人気ジャンルとして定着している。「日本全国の佐藤姓の人間が、王が放った刺客から逃れて生死をかけて鬼ごっこを続ける」という『リアル鬼ごっこ』（2001年、文芸社）でデビューした山田悠介のデスゲーム／サバイバル小説や、謎の「王様」から届くメールに書かれた命令に従わなければ死ぬという内容の金沢伸明『王様ゲーム』（2009年〜、双葉社）、屋敷に閉じ込められた主人公たちが鬼から逃れて脱出をめざすゲーム『青鬼』の小説版（2013年〜）などは、2010年代以降も学校読書調査や朝読の中高生の読んだ本ランキングの常連になっている。

この動向が下の年齢にも降りてきて、設定としてはデスゲームだが実際には「人が死なない」など描写をやわらげた集英社みらい文庫の針とら『絶望鬼ごっこ』（2015年〜）、講談社青い鳥文庫の甘雪こおり『人狼サバイバル』（2019年〜）などが小学校中学年以上向けの児童文庫でも人気を博している。

なぜこれらは人気なのか。三大ニーズに紐付けて考えてみよう。

1 正負両方に感情を揺さぶる

デスゲームものの特徴は、簡単に人が死ぬことだ。たとえば登場人物たちが取り組むゲームが単なるジャンケンであったとしても、「負けたら死ぬ」とわかっていれば誰でも必死になるし、そこにはドラマが生まれる。デスゲームでは、いけすかないキャラクターが無惨に死ぬときの爽快感もあれば、親友や家族との死別が訪れる哀しみ、生死をかけた戦いに挑む緊張感などもあり、さまざまな感情の波をインスタントに作り出すことができる。

2 思春期の自意識、反抗心、本音に訴える

デスゲームものの登場人物が周囲との競争を強いられる理不尽さは、子ども・若者が体験している学校生活や受験制度の似姿として読むこともできる。前述したとおり、現実生活では子ども・若者は日々感じている不安や窮屈さを、誰かに吐露する機会をなかなかもてていないだろう。しかしデスゲームものの登場人物たちは、死や脱落をかけた極限状態

のなかでお互いに普段言えない本音を言い、それまでできなかったことを実行する。他人に対する嫉妬や嫌悪のような、日常生活では秘めておくべきとされる負の感情も、ここぞとばかりに噴出する。さらに仲間が死ねば当然、悲しみや怒りなど強い感情を表出する。登場人物と読者の間には置かれた環境の類似があり、かつ現実の自分たちにはできない行動、得られないカタルシスがフィクションでは描かれる。

3 読む前から得られる感情がわかり、読みやすい

デスゲームものは読む前から「たくさん人が死ぬ」ことがわかる。そこでは残酷なことが起こり、人の本性が暴かれるような出来事があり、友情や愛情の発露も描かれるだろうことが、容易に想像が付く。と同時に、話の筋は基本的にシンプルだ。「参加者が徐々に脱落していく」流れを追えばいいだけだから、小説を読み慣れていない読者でも入っていきやすい。

高見の小説および映画化された『バトル・ロワイアル』の影響は海外にも及び、「プレイヤー同士が最後のひとりになるまで戦う」バトルロイヤルゲームの成立に寄与した。近年こうしたジャンルの『Fortnite』や『Apex』『PUBG』『荒野行動』などのゲームは、元祖『バトロワ』を世代的に知らない日本の小中高校生にも人気が高く、「ああいうゲー

ムみたいな設定ね」とますます受容しやすくなっていると思われる。

大人が眉をひそめる「人気の設定」

人が簡単に殺される作品が人気なのか——と眉をひそめた人もいることだろう。

しかし、子どもが大人から自立していく過程で抱く不満や反発、大人たちが言うきれいごとを嫌い、「世の中って本当はこうなんだ」と若者が感じていることにシンクロする内容だからこそ、デスゲームものは刺さるのである。

『バトロワ』『王様ゲーム』、山田悠介、『青鬼』が似ているのは、人が簡単かつ残酷に死ぬことだけではない。既成の大人の価値観から外れる内容の作品を、若い人自身が見つけ、好んで読んだということも共通点である。

『バトロワ』は出版社が主催する小説新人賞に落選した作品であり、既成文壇からは受け入れられなかった。『王様ゲーム』は小説投稿サイト「エブリスタ」の前身であるモバゲータウンに連載された作品であり、それまで小説執筆経験がほぼなかった作家の手によって生まれた。つまりこちらもやはり作家や批評家が審査員を務める小説新人賞出身の作品・作家ではない。山田悠介は文芸社から『リアル鬼ごっこ』を自費出版し、クチコミで若い読者を獲得したが「文章や設定が破綻している」などと「知的な大人」の読者から叩かれた。『青鬼』はフリーゲームと呼ばれる、PC上のブラウザで遊べる無料のゲームとして配信されたものだ。それが、動画投稿サービスのYouTubeやニコニコ動画上で人気を博している、ゲームをプレイしながらおしゃべりする「ゲーム実況」動画で取り上げられ、その反響を受けてゲームが小説化された。やはり文壇や児童文学的な評価軸とはまったく異なるところから現れたコンテンツである。

これらはいずれも、小説賞のように選考委員の先輩作家などの「権威」が応募作品をふるいにかけ、お墨付きを与える道を通って刊行されたのではない。小説賞ではすくいきれない価値観に基づいて書かれ、文芸以外の編集者や自費出版、ウェブを通じて広まり、書籍化されて若い人たちに爆発的な人気を呼んだのである。こうした設定の作品に、良識的な大人がいい顔をしないのは当然である。文壇の正規ルートを介して世に出てきたわけではなく、その評価軸では認められない作品だからだ。

加えて言えば、高見も『王様ゲーム』も山田悠介も、淡泊な文体である。情景描写や心理描写を長々書くことはなく、出来事と会話を中心にサクサク進む。ゲームのノベライズである『青鬼』も、文体芸ではなくイベントと会話で読ませるものだ。極力簡単な語彙を用いて、わかりやすく話を進める。こういう文体は、文学的にはまったく評価されないが、若年読者に届けるためには非常に重要な要素のひとつである。

さきほども言及した赤木かん子『子どもに本を買ってあげる前に読む本　現代子どもの本事情』は、戦後児童文学の大ヒット作である江戸川乱歩の『少年探偵団』、那須正幹の『ズッコケ三人組』などに共通する特徴として「情景描写・心理描写・人物描写を極力排し、次から次へと事件が起こる」という「会話と出来事主体のシンプルな文体」であることを指摘している。

２０００年代中盤から後半にかけて起こった第二次ケータイ小説ブームの際に、性暴力やＤＶ（ドメスティック・バイオレンス）、妊娠・堕胎、ドラッグ、死別などがジェットコースターのように矢継ぎ早に展開していくわりに心理描写、内省が少ないことが一部の批評家から批判的に論じられたが、赤木の指摘を踏まえれば、そもそも10代に読まれてベストセラーになるためには、丁寧な内面描写や情景描写などは必要がないのである。感情の振れ幅の大きさ、刺激の強さは必要だが、重厚な筆致で掘り下げてもむしろマイナスに働く可能性が高い。

設定的にも文体的にも、国語教師や司書、児童文学関係者の大半があまり快くは思わないタイプのデスゲーム、サバイバル、脱出もの作品は、しかし、小中高生の関心を引くものになっている。

デスゲームと「サバ番」の共通点

余談になるが、こうしたデスゲームとサバイバル・オーディション番組（「サバ番」）の構造はほとんど同じである。サバ番とは、ボーイズグループやガールズグループなどでのデビューをかけて、候補者たちが歌やダンスに関するさまざまなミッションを競い合い、審査に落ちたりファン投票が少なかったりした人たちから順に徐々に脱落していき、最後に残ったメンバーがデビューする、というタイプの番組だ。韓国のケーブルテレビ局Mnet発のアイドルオーディション番組『プロデュース101』シリーズやラッパー勝ち抜きバトル『Show Me The Money』などが代表的なものであり、日本でもNiziUやJO1、INI、BE:FIRSTなどのグループがこうした番組からデビューした。

サバ番では「もう後がない」「これで最後」または「再起をかけて」といった切実な思いを抱いて参加した人間たちが、グループ単位で行われる複数のミッション、バトルを通じて互いの絆や軋轢を深める。しかし、残酷にも投票で下位になった人間は脱落していき、だんだん参加メンバーが減っていく。視聴者は脱落や離別に胸を痛めながら、最後まで生き残る人たちを見守り、応援していくことになる。

デスゲームはフィクション、サバ番は現実の人間が登場するリアリティ・ショーだが、どちらも若い人に人気が高く、共通点が多い。一般的な物語や番組では、ある程度ストーリーを積み重ねてからクライマックスに生死や進退をかけた戦いが来るところを、サバ番やデスゲームでは、最序盤から参加者は厳しくジャッジされて能力別にクラス分け（ランク分け）され、場合によっては早々に最初の死／脱落が描かれる。この展開の早さと苛酷さ、競争の激しさ、エグさの合わせ技によって、参加者と視聴者の感情をアップダウンさせる点が共通している。

「人生をかけてミッションに挑んでいる」という情報が参加者の緊張感を高め、感情を揺さぶる。そして観る側にもその緊張や情動は伝染する。

一歩引いて客観的に見れば、やっていること自体は、サバ番なら単に歌やダンスの練習や発表にすぎない。デスゲームものでも、たとえばNetflix独占配信によって2021年に大ブームとなったドラマ『イカゲーム』では「だるまさんがころんだ」や、地面に穴を掘ってその穴めがけて石を投げることを競う子どもの遊びで生死が決まる。練習や遊び自体には、それほど人の心を動かす要素はない。だが、そこに「人生最後の挑戦」「負けたら死ぬ」という情報が加わり、実際その場から去っていく／消えていく者を見せつけることで、ミッションの参加者に対する視聴者側の感情移入の度合いは大きく変わる。

「人生」「生死」という情報を付加することで、実際に画面に映し出されている客観的な状況以上の緊迫感を視聴者に対して「底上げ」しているのが、デスゲームやサバ番の特徴だ。

このように、参加者と視聴者の強い感情を効率よく喚起する「しくみ」がデスゲームやサバ番には備わっている。時間効率よく、振れ幅の大きい感情の波を何度も作ることができる。そしてデスゲーム同様に、サバ番でも参加者間の悲喜こもごもが起こり、観ている自分の感情もぐちゃぐちゃにされることを、視聴者は観る前から予感している。だから何作も何作もこの種の作品・番組は作られ、視聴者は熱中すると感情疲労を起こすことを知りながらも、新しいものが始まるとまた観てしまうのである。

『王様ゲーム』と山田悠介の退場

さて、話を戻そう。2010年代前半には『×ゲーム』『リアル鬼ごっこ』『ドアD』『親指さがし』（以上、幻冬舎文庫）『その時までサヨナラ』（河出文庫）などが学校読書調査の「読んだ本」ランキングで複数タイトル入るほど中高生に人気だった山田悠介作品は、2021年調査ではついに高1女子に新作の『僕はロボットごしの君に恋をする』（河出文庫）、2022年調査では高3男子に『名のないシシャ』（角川文庫）が入ったのみとなった。同様に『王様ゲーム』も2019年調査を最後に姿を消している。

2012年に実施された学校読書調査では、中高生に「読んだことがある作家」の名前をあげさせているが、山田悠介は中学生33・1％、高校生51・2％とトップクラス。さらに「いちばん好きな作家は？」の質問に中学生の17・6％、高校生の22・3％が山田悠介の名前をあげていた。2位の東野圭吾は中学生7・3％、高校生12・1％だから、山田悠介はダブルスコアを付けていたのである。なお、以下は有川浩で高校生4・1％、星新一が中学生3・9％、高校生3・9％、湊かなえが高校生3・8％、宮部みゆきが中学生1・8％、高校生2・5％と続いていた。

東野圭吾は2021年調査で4シリーズ、2022年調査で『ガリレオ』『マスカレード』の2シリーズがランクインするなど、一定の人気を堅持している一方で、山田・『王様』人気はなぜ急激に衰えたのか。

推測されるひとつめの理由は、前出の投稿サイト「エブリスタ」発の雨蛙ミドリ『オンライン！』（2011年刊行開始、角川つばさ文庫）を皮切りに、小学生を中核読者とする児童文庫にもデスゲームものが2010年代を通じて広まったから、である。つまり今の世代は小学生のころからこのジャンルに慣れ親しんでいるため、中高生にもなるとオリジネーターのひとりである山田悠介作品は、いくら「シンプルなほうが望ましい」と言っても単純すぎ、薄すぎると感じられるものになっているのではないか。2000年代後半以降、小学生は月平均で10冊以上は読んでいる。かつてのように「本を読み慣れていない中高生読者が山田悠介作品や『王様ゲーム』を手に取る」状態ではないのかもしれない。

もうひとつ考えられる理由は、さすがに設定が古びた、というものだ。たとえば『王様ゲーム』のキーアイテムはガラケー（フィーチャーフォン）であり、謎の「王様」からの命令はメールで届くのである。これでは日常的にスマホでLINEやInstagram、TikTokを使っている世代からすると「昔の話」と思われて敬遠されてもしかたがない。

一時代を席巻し、読者を開拓した山田・『王様』は徐々に読まれなくなってきてはいるが、デスゲーム、サバイバル、脱出ゲームもの自体の人気は今の中高生に対しても根強い。この「型」を用いた作品については、このあとも何度か紹介することになる。

④「余命もの（死亡確定ロマンス）」と「死者との再会・交流」

中高生に人気の「型」の四つめは、いわゆる「余命もの」と「死者との再会・交流」である。この二つをひとまとめにしているのは、どちらも「主人公と近い人間の死が絡んで、泣かせる話」だからだ。かつ、デスゲームやサバイバルものとは違って、暴力描写やエグい展開、恐怖は扱われない。

まずは「余命もの」から解説しよう。「余命もの」とは、主人公または主人公の想い人

（となる存在）の死期が宣告されている、または死が近いことを予感させる病気等を患っている状態から物語が始まり、その人物または主人公側が死んで終わるという「泣ける話」である。かつては「難病もの」と呼ばれていた。なお本書では、必ずしも作中で「余命○年」と明言されていなくても、なんらかのかたちで男女片方の死が物語序盤からほぼ確定している（少なくとも読者には「こいつ死ぬんだろうな」とわかる）悲恋もの全般を含めて「余命もの」と呼んでいる。筆者はこうしたタイプの作品は、物語の内容に即して「死亡確定ロマンス」と呼ぶべきだと考えているが、本書ではわかりやすさを重視して巷間よく用いられている「余命もの」という呼称を基本的に採用する。

余命ものの代表的な作品は、作家自身も余命宣告をされて本が出版される前に亡くなった小坂流加『余命10年』（文芸社文庫ＮＥＯ）、人の何十倍もの早さで年老いる難病を発症した女性とカメラマンの男性の恋愛を描く宇山佳佑『桜のような僕の恋人』（集英社文庫）、月の光を浴びると体が淡く光る難病「発光病」を患った余命わずかなヒロインと主人公の男性の恋愛を描いた佐野徹夜『君は月夜に光り輝く』（メディアワークス文庫）などだ。主要人物が病気という設定ではないが、離別の予感が物語開始時点から明らかなものとしては、女子高生が太平洋戦争中にタイムスリップして特攻隊員の男性と恋をする汐見夏衛『あの花が咲く丘で、君とまた出会えたら。』（スターツ出版文庫）などがある。

中高生の三大ニーズに引きつけて、型の人気の理由を考えてみよう。

1　正負両方に感情を揺さぶる

余命ものでは、クライマックスに死別の悲しみや秘めた想いを爆発させる「エモい」展開になる。また、終盤の悲哀を際立たせるためにも、主役を張るふたりが相思相愛になり、「この人のことを絶対に失いたくない」と作中人物にも読者にも思わせる展開が用意される。

2　思春期の自意識、反抗心、本音に訴える

「余命」設定とは、半面では若者の焦燥感と無力さ、不安の象徴であり、もう半面では建前を取り払って本音を剝き出しにして行動したいという願望の象徴である。若者には早く何かをしたい、手に入れたい、何者かになりたいという焦りはあるが、まだ具体的に何かできるわけではない。今ここではない場所に容易に行けるわけでもない。人間関係においても、物理的な行動範囲においても、家族や学校、友人から大きな制約を受け、狭い世界に生きている。そういう近視眼的な思春期の人間が、自らの心情と重ね合わせやすい設定が「余命もの」なのである。

デスゲームものもそうであるように、余命ものにおいても、死を間近にした人間は、普

段言い訳にしているさまざまな理由を取り払って本心をぶちまけ、大胆な行動に打って出る。思春期の人間は、背中を押してもらえれば突っ走ってしまう情動と衝動の激しさも併せもつ。死を前にした人間の素直さ、思い切りのよさは、中高生の心情とシンクロする。

ただし、何も考えていない主人公が行動するのではなく、登場人物たちの葛藤や逡巡、自意識を描くことも重要である。こうした作品では、死を前にしているにもかかわらず、主人公と想い人の間に気持ちのすれ違いが起こって後悔し、「好きだからこそ言えない」秘密や悩みを抱えるさまが描かれる。その一歩踏み出せない様子もまた、読者の似姿なのだ。もちろん、たいていの場合は死の直前か死後に、死んだ側の秘めた想いや行動がオープンにされ、異性と想いが通じ合っていたことが確認されて終わる。主人公たちにはなかなか他人に言えない本心があることが示され、しかし、最終的にはそれが明かされて感情がピークに達し、読者はカタルシスを得るのである。

3　読む前から得られる感情がわかり、読みやすい

「余命もの」と言われるくらいだから、主要登場人物のうちの片方が死ぬことは決まっている。つまり、泣ける話であることは読む前からわかる。また、主要登場人物のうちのひとりが死に向かって病状が悪化していくのと、男女の仲が一進一退しながらも深まっていく過程だけを追えばいいから、筋としてもシンプルだ。

難病もの、純愛ブームから連綿と続く

また、「死者との再会・交流」ものとは、なんらかの超自然的な力を用いて、死者と遺された人間とが一時的に再会・交流し、また別れる、というタイプの作品である。

たとえば、西由比ヶ浜駅にいる女性の幽霊に頼むと過去に戻って電車の脱線事故があった当日の電車に乗ることができるという話を聞きつけた遺族たちが死者に会いに行くという村瀬健『西由比ヶ浜駅の神様』(メディアワークス文庫)や、一生に一度だけ死者との再会を叶えてくれるという「使者(ツナグ)」の仲介のもとで生者と死者とが一夜限りの邂逅を果たすさまを描いた連作である辻村深月『ツナグ』(新潮文庫)などである。

こちらも中高生の三大ニーズに引きつけて見てみよう。

1 正負両方に感情を揺さぶる

もう二度と会えないと思っていた存在に再会できれば、誰でも嬉しい。しかも、生前は聞けなかった本音、本心が語られ、見えなかった部分を知ることができれば、余計に心が動かされてしまう。しかし、再会や交流は一時的なものであり、関係がより深まったと思ったころ、すぐに再びの別れがやってくる。これを何組もの人物たちを扱った連作短篇形

式で展開するから、読者の感情は忙しく揺れ動くことになる。

2 思春期の自意識、反抗心、本音に訴える

死者との再会に意味が生じるのは、生者と死者の双方に、お互いに対して言い残したこと、伝えきれなかったことがあるからだ。死者と生者はともに、そういう後悔を抱えていると、読者は無意識のうちに感じている。親しい相手であっても、あるいは親しい間柄だからこそ言えないこと、言わないことがある。しかしそこには本当は伝えたかったこと、伝えるべきものがある——そう、読者自身が思っている。死者との再会・交流ものでは、現実の読者がなかなか求めても得がたい、「言えない本音」を吐き出し合える関係性が描かれる。

3 読む前から得られる感情がわかり、読みやすい

生前には伝えきれなかった真情を吐露しあい、泣ける感動物語になることが読む前から想像できる。また、基本的にこのスタイルは連作形式を取ることが多い。一篇一篇は短いため、1回10分程度と時間が限られている朝読などでも読みやすい。

デスゲームは1999年刊行の『バトル・ロワイアル』から始まった、この四半世紀くらいの歴史しかない様式だが、余命もの／死者との再会は、それ以上の期間にわたって人気のある型だ。

たとえば2000年代には片山恭一『世界の中心で、愛をさけぶ』（2001年）や市川拓司『いま、会いにゆきます』（2003年）などが人気を博して「純愛ブーム」と呼ばれたが、『セカチュー』は余命もの（難病もの）、『いま会い』は死者との再会ものである。さらに遡ると、1970年代の初期の集英社文庫コバルトシリーズ（のちのコバルト文庫）では難病を扱ったノンフィクション（実話）が刊行されており、1990年代には中高生女子の間で折原みとの小説『時の輝き』（1990年）が大人気作品になった。これは看護師志望の少女と不治の病を患った少年が登場する余命ものだった。また、実話だが大島みち子・河野実『愛と死をみつめて』は1963年に刊行されて160万部を売り上げた、軟骨肉腫に侵されて亡くなった女性と大学生男子との往復書簡であり、ドラマ化、映画化されている。『愛と死をみつめて』は、いわゆるサナトリウム文学（死に至る病としての結核を患った人間を描いた小説）である堀辰雄『風立ちぬ』が、1950年代から60年代にかけて映画化、TVドラマ化されて人気を博した流れのなかにある。つまり「最近の若者は『人が病気で死んで悲しい』みたいな単純な物語が好き」なのではなく、昔から根強く需要があるのだ。

流行のタイトルは時代によって変遷していくが、この型自体は連綿と用いられ続けており、今後もおそらく利用されていくだろう。

第三章　カテゴリー、ジャンル別に見た中高生が読む本

前章までで情動・衝動優位な10代の三大ニーズとして、
1 正負両方に感情を揺さぶる
2 思春期の自意識、反抗心、本音に訴える
3 読む前から得られる感情がわかり、読みやすい
の三つがあり、これらを満たすための物語上の設定、パターン（「型」）の代表的なものとして、
①自意識＋どんでん返し＋真情爆発
②子どもが大人に勝つ
③デスゲーム、サバイバル、脱出ゲーム
④「余命もの（死亡確定ロマンス）」と「死者との再会・交流」
の四つをあげた。この観点を踏まえて、本章では現在の中高生に読まれている具体的なタイトルについて、児童文庫やライトノベル、一般文芸といったカテゴリー別に見ていくことにしたい。

①児童文庫／児童書

さきほど「子どもが大人に勝つ」の例としてあげた『名探偵コナン』のノベライズも

『探偵チームKZ事件ノート』も宗田理の『ぼくら』シリーズも、児童文庫から刊行されている作品である。「児童」とは、言うまでもなく小学生のことである。新書サイズの判型で展開される「児童文庫」は、当然ながら主に小学校中学年以上を想定読者層として刊行されてきた。

しかし近年では、児童文庫から卒業するタイミングが、従来より少し後ろ倒しになってきている。「児童」だけでなく「生徒」と呼称される中学生も読むようになっている。

もっとも、学校読書調査を見る限り、中3になると『コナン』のノベライズと『ぼくら』、『空想科学読本』を除くと児童文庫は上位に入らなくなり、高1になるとほぼ姿を消す。だから従来よりせいぜい2、3年の差ではある。だが10代にとっての2、3年は大きい。読者のみなさんも自分の記憶を辿ってみてほしいのだが、12歳と15歳、小6と中3ではだいぶ思考や感覚が違っていたはずだ。そう考えると、「従来小学生向けとされてきたものを中3まで読むようになっている」のは、決して小さい変化ではない。

学校読書調査上で児童文庫作品が中学生以上にランクインした例をあげると、2021年調査では、『コナン』小説版は中1男子、中2男女、中3男子、『KZ』が中1女子、『ぼくら』が中1男子、中2男子、『恐怖コレクター』が中1男子、『空想科学読本』が中1〜2男子、『絶体絶命ゲーム』が中1〜2男子、『絶叫学級』（集英社みらい文庫）が中1

男女、中2〜3女子、『本の怪談』（ポプラポケット文庫）が中1女子。2022年調査では『コナン』が中1〜2男女、中3男子、『ぼくら』が中1男女、中2〜3男子、『空想科学読本』が中1〜高1男子、『星のカービィ』が中1〜2男子、『絶叫学級』が中1女子、『KZ』が中2女子。

筆者は2021、22年にかけて集英社みらい文庫やスターツ出版野いちごジュニア文庫編集部に取材した際にこうした傾向に関して質問してみたが、「中2くらいまでは普通に読まれている」と返ってきた。

学校読書調査をおおよそ5年ずつ遡ってみると、2015年では『本の怪談』が中1女子、『空想科学読本』が中2男子に入っていたのみ、2010年だと、『小説MAJOR』（小学館ジュニア文庫）が中2〜3男子、『ぼくら』が中1男子に入っていた（『空想科学読本』が中1・中3男子に入っているが、角川つばさ文庫版の刊行は2013年からであり、これは児童文庫版ではない）。2005年、2000年は児童文庫のランクイン数はゼロだ。

そもそも「新書サイズでソフトカバーの児童文庫」というフォーマットは、1974年に岩波少年文庫がハードカバーからソフトカバーに転じ、1979年に岩崎書店、金の星社、童心社、理論社が協力出版するレーベル・フォア文庫が創刊され、翌1980年に講談社青い鳥文庫が創刊されたことによって確立されたものである。児童文庫自体は、決して最近出てきたわけではない。

小学生向けでは、たとえば１９９０年代から２０００年代にかけて、はやみねかおる『名探偵夢水清志郎』シリーズ、松原秀行『パソコン通信探偵団事件ノート』（『パスワード』）シリーズなどが一大ブームとなっていたが、当時の学校読書調査上では、中学生以上の人気はほとんど確認できない。

２０１０年代前半に大ヒットした石崎洋司『黒魔女さんが通る!!』や令状ヒロ子『若おかみは小学生！』（いずれも講談社青い鳥文庫）が中１女子にもランクインすることはあったが、２０１０年代後半以降ほど「児童文庫を読む中学生」が目立つことはなかった。

ではなぜ児童文庫を中学生も読むのが「当たり前」になったのか。

ひとつめの理由は、児童文庫レーベルが２００９年のつばさ文庫創刊以降増えたことだ。刊行点数が全体的に増えたことで人気シリーズもまた増え、それを完結まで追う読者が増えたから、と考えられる。

二つめの理由は、やはりつばさ文庫の創刊以降、児童文庫レーベルからマンガやアニメ、ゲームのノベライズが刊行されることが増えたことだ。マンガやアニメ、ゲームは中学生になったからといって卒業するわけではない――したがってそれらのノベライズからも卒業しなくなり、ノベライズを刊行している児童文庫レーベルからも卒業しなくなった（中学生たちにとって「卒業しなくてもいい」と感じるものになった）のだろう。

　三つめの理由として、前述のとおりラノベが基本的に「大人向け」にシフトしたことがあげられる。ラノベが「中高生向け」という建前を捨て去ったことにより、中学生は「これは自分たちに向けられた本だ」と感じる小説を書店や図書館で探しづらくなっていると思われる。逆に児童文庫は、思春期の悩みを掘り下げた作品や、やや刺激の強いデスゲーム、サバイバルものも当たり前になり、中学生が読んでも「子どもっぽい」と感じにくい内容や装丁になってきている。学校読書調査を経年で追っていくと２０１０年代以降、「ラノベが減ったぶん、児童文庫が増えた」という印象を受ける。２０１０年代前半であれば中学生になると児童文庫からラノベや山田悠介などへ移行していたが、２０１０年代後半以降は児童文庫から卒業せず、さらに集英社ＪＵＭＰ ｊ ＢＯＯＫＳなどから刊行されるマンガのノベライズをよく読むようになっている。

席巻するマンガノベライズ

　マンガのノベライズは、２０００年代後半以降に学校読書調査上で目立つようになった存在である。そしてマンガノベライズは中高生にも読まれており、児童文庫でも多数刊行されている。ここでは簡単にマンガノベライズの歴史を辿り、いかにして今の地位を築いたのかを振り返ってみよう。

マンガのノベライズがいつ始まったのかは、定かではない。アニメのノベライズは1974年刊の『宇宙戦艦ヤマト』が最初とされ、1970年代末にはたとえばアニメ『さらば宇宙戦艦ヤマト』や『機動戦士ガンダム』の小説版が刊行されており、1980年代にはすでに当たり前のものになっていた。1990年代後半に講談社の「週刊少年マガジン」連載の人気マンガ『金田一少年の事件簿』ノベライズ版が刊行されると、学校読書調査で中高生の間で学年も男女も問わずトップクラスの人気を誇った。ところが当時は「マガジン」が「ジャンプ」を抜いて全マンガ雑誌でトップの発行部数を誇っていた時期であり、いくら小説が売れたといってもマンガのコミックスと比べればケタがひとつ少なかった。また、『金田一』以外のタイトルは期待したほどの売れ行きを見せなかった。結果として講談社はマンガのノベライズに力を入れなくなる。

以降はマンガのノベライズといえば「アニメ化や映画化のタイミングで1、2冊出しておしまい、売上は良くて数万部（まれに10万部クラスが出る）」というのが出版業界の常識となっていた。その常識を破ったのが集英社JUMP j BOOKSである。同レーベルはオリジナル作品のほかに「週刊少年ジャンプ」などのノベライズを手がけていたが、1993年の創刊から長く「他社のノベルスより少し大きい判」と「赤い背」を特徴としてきたものを、ノベライズでは原作マンガ同様の装丁をベースにし、コミックスサイズにリニューアルした。創刊以来、マンガ本編のストーリーをそのまま小説化した作品が多かったが、2010年に「ジャンプ」連載の星野桂による人気ファンタジーマンガ『D.Gray-man』の小説版をマンガの担当編集者と密にすり合わせて外伝として刊行したところ、初版5万部が発売前重版になり、すぐに30万部の増刷となった。

jBOOKSは雑誌コードで流通するジャンプコミックスとは異なり、書籍コードでの流通である。だがジャンプコミックスの発売日と極力合わせ、書店でも原作コミックスと並べて置いてもらえるように3冊平置きのできる陳列台を送るなどしている（これは出版流通上のテクニカルな話だが、一般的に書店でマンガの担当者と文芸の担当者は分かれている。したがって書店現場のオペレーションを考えても「書籍コードで流通する小説を、コミックス売場に原作マンガとセットで並べて売る」のを浸透させるのは、実は簡単ではない）。集英社以外の出版社によるマンガノベライズでは、ラノベの文庫棚か一般文芸の棚に配本されることが多く、原作マンガの読者の目に入らないこともある。だがjBOOKSはそうならないよう徹底した。

この路線が成功し、たとえば小説版『銀魂』はシリーズ累計300万部を超え、刊行期間中は学校読書調査でも中高生上位に顔を出していたし、その後の作品もコンスタントに入っている。２０２１年、２０２２年調査でも『ジョジョの奇妙な冒険』などがランクインした。

さらに２０１４年刊の『アオハライド　映画ノベライズ』（集英社みらい文庫）以降、集英社は人気俳優をカバーにした「少女マンガ原作の実写映画のノベライズ」という新たな手法も確立していく（ややこしいが、少女マンガを原作にした実写映画が作られた場合に、「マンガのノベライズ」ではなく「映画のストーリーに沿ったノベライズ」を刊行する、ということだ）。たとえば『ヒロイン失格』『ひるなかの流星』のノベライズは単巻で10万部超、『かぐや様は告らせたい』は５万部。これらの原作マンガは基本的に中高生以上向けだが、映画は小学校高学年もターゲットに入り、ノベライズ版は小中高生に読まれている。

なぜ「原作マンガのノベライズ」ではなく「映画版のノベライズ」を児童文庫で出すのか。２時間の映画を小説化すると、児童文庫一冊分の尺にちょうど収まるからだ。原作マンガを全巻揃えるのは、小中学生のお小遣いでは足らないかもしれないが、小説版なら単巻完結のため手が届き、本を読み慣れていない読者でも買いやすい。また、原作マンガのファンや原作マンガが気になる層が小説を買うケースもあるが、実写映画版のノベライズの場合、それに加えて、カバーに使われている主演の人気若手俳優やアイドルの写真に惹かれての購入も多い。

集英社からは、同じマンガを原作とした（または、そのマンガを原作とした映画の）小説版が、作家を変え、本文の中身も変えて、児童文庫レーベルの「みらい文庫」、大人の女性を主な読者層とするライト文芸レーベル「オレンジ文庫」、そして前述の「JUMP j BOOKS」から別々に刊行されることもある。それぞれのレーベルは書店店頭での売場が異なり、想定読者層が異なるため、食い合いになることはない。みらい文庫なら小学生が読む前提で文章が書かれるし、オレンジ文庫は大人の女性が読む前提で書かれているからだ。

ノベライズは「原作が人気なら自動的に売れる」ようなものではない。読者が買いたくなり、読みたくなるように、物語内容、パッケージング、流通のイノベーションが積み重ねられた結果、学校読書調査上でも安定した人気を築くようになったのである。

子ども・若者の主人公が多い少年マンガや少女マンガのノベライズでは、当然「子どもが大人に勝つ」話も多いことは言うまでもなく、人気の理由はここにもある。

思春期未満の小学生男子と『星のカービィ』

児童文庫の話に戻るが、中学生以上にも人気のある児童文庫作品のなかでも、とくに言及しておきたいタイトルがある。

角川つばさ文庫から2013年より刊行されている小説版『星のカービィ』（高瀬美穂作）だ。同シリーズは、男子では小学生のみならず中2までに人気がある。『星のカービィ』は1992年から続く、任天堂のアクションゲームのシリーズである。「人気ゲームのノベライズだから人気があるのは当たり前なのではないか」とは思わないでほしい。ゲームのノベライズ作品でこの年代の男子によく読まれているのは『カービィ』と『Minecraft』くらいしかない。

Mojang Studio の『Minecraft』（『マイクラ』）は「サンドボックス」（砂場）型と呼ばれる、非常に自由度の高いゲームだ。広大なフィールドを舞台に、プレイヤーは建物や町、畑、地下基地を作ったり、サバイバル生活を疑似体験したりと、さまざまな遊び方ができる。『マイクラ』は世界でもっともセールスをあげているゲームのひとつであり、YouTube などのゲーム実況動画でも人気が高い。小中学生で知らない人はほとんどいないと言っていいだろう。しかしこの『Minecraft』というゲーム自体には、ストーリーは用意されていない。したがって小説版は、作家がオリジナルキャラクターを用意した、オリジナルストーリーである。小説版は複数刊行されているが、どれもいかにも英米のYA小説というテイストのものになっている（今のところ日本人作家が書いたものはなく、いずれも翻訳ものである）。

たとえば無人の自然環境のなかでの孤独なサバイバルを描いたマックス・ブルックス『マインクラフト　はじまりの島』（竹書房）や、ゲーム内での子どもたち同士の人間関係、協力や衝突に焦点を当てたニック・エリオポラス『マインクラフト　ゲームにとびこめ！』（技術評論社）などがある。どれも基本的には子どもや若者の悩める心情の描写があり、主人公たちが困難に直面して葛藤し、それを乗り越えて成長する物語になっている。『Minecraft』をプレイしたことがない大人でも「ゲームの小説だけれども、これなら子どもが読んでも別にいいかな」と思える内容だと言える。

1 正負両方に感情を揺さぶる
2 思春期の自意識、反抗心、本音に訴える
3 読む前から得られる感情がわかり、読みやすい

で言えば、1と2におおむね該当し、3は得られる「感情」まではわからないにしろ、『マイクラ』の話」ということから想像されるであろう冒険、サバイバルが描かれるはずだと子どもたちは読む前から理解している。

一方、小説版『星のカービィ』はどうだろうか。こちらは大人も納得、安心するようなYAの類型からは外れている。率直に言って、中学生が読んでいたら「中学生にもなってそんなの読んでるの？」と感じる人もいるであろう内容だ。

高瀬美恵『星のカービィ あぶないグルメ屋敷!?の巻』(角川つばさ文庫)

主人公のカービィは食べることが好きなキャラクターで、ライバルのデデデ大王も同様だ。第1巻『星のカービィ あぶないグルメ屋敷!?の巻』の導入部は、カービィたちが住むププランドに引っ越してきたお金持ちのパフェスキー夫人が、たくさんのごちそうを用意して自分の誕生日会を開くと聞きつけたカービィとデデデ大王が、そのごちそうを食べるためになんとかそのパーティに出席しようと考える……というものである。つまり、カービィやデデデ大王には、人間なら思春期に芽生えるような自意識、内面などかけらもない。動機は食欲。一言でいえば、中身が幼いキャラである。食い意地を基本的な行動原理にしていることから、原ゆたかによる小学生向けの人気読みもの『かいけつゾロリ』のゾロリやイシシ・ノシシを思わせる、といえば未読の方でもイメージが湧くだろうか。

『星のカービィ』小説版の文章は、『Minecraft』小説版と比べてもきわめて平易で、挿絵も多い。新しいキャラクターが登場するたびに必ずそのキャラの絵が挿入されるため、文章からキャラクターをイメージすることが苦手な読者にも読みやすいようにできている。「昔ならこれは小学校低中学年向け、幼年童話レベルではないか」と思う人もいるだろう。小学校中学年くらいの精神年齢、本を読む力をもつ人向けの作品だ、と。しかしそういう小説が中学生男子にも読まれているのである。

ということは、中学生男子にはまだまだ幼く、読む力が育っていない人も多い、と解釈するしかない。

筆者はこれを「嘆かわしい」と言いたいわけではない。むしろ、出版業界や読書推進の従事者が、中学生（とくに男子）に対して、実態・実力以上に「これくらい読めるだろう／読むべきだ」という規範を押しつけてきたのではないか、と反省を迫る本になっていると感じる。軽い中身の、漢字にはすべてルビを振る「総ルビ」で、絵の多い小説に対する中学生の需要は、意外に大きいのではないか。

１９８０年代後半から90年代にかけて少女小説を席巻した花井愛子作品や、90年代ラノベの代名詞的存在であるあかほりさとるの作品も、改行を多用した文体による圧倒的な読みやすさとテンポのよさ、ある種の幼さと破天荒な勢いで中学生の心をつかんだが、筆者は『カービィ』の小説にそれらと少し似たものを感じる。

本書は「10代の読書」のなかでも思春期以降の子ども・若者を主に扱っているが、当然ながら「10代」にはローティーンも含まれる。また、精神年齢の成熟度には個人差があり、13、14歳になっても自我、自意識が過剰な時期に入っていない場合もある。そういう子たちにちょうどいい本が『カービィ』なのだと思う。このシリーズの特徴は、本書で論ずる「四つの型」から大きく外れている。それは三大ニーズをもつようになる「前」の人たち向けの作品だからである。

山田悠介と『王様ゲーム』について論じたところで、今の小学生は月平均10冊以上本を読んでいる、と書いた。これはあくまで「平均」であり、当然、平均より読んでいない人もいる。たくさん読む層の中学生にとって山田悠介作品はもはや物足りないものだが、それほど読んでいない中学生男子にとっては『カービィ』がちょうどいい、ということなのだろう。

今や中学生も読む『ふしぎ駄菓子屋 銭天堂』

児童文庫以外の児童書でも、当初、小学生向けとして人気を博したものが中学生にまで読者を広げているタイトルがある。たとえば廣嶋玲子《ひろしまれいこ》『ふしぎ駄菓子屋 銭天堂』（偕成社）がそうだ。同作は2013年の刊行直後から小学生を中心に人気を博し、2020年にはTVアニメ化され、2022年には第3回「小学生がえらぶ！〝こどもの本〟総選挙」で第1位となった。

着物姿をした年齢不詳の女主人・紅子《べにこ》が営む駄菓子屋には、さまざまな悩みをもつ人が迷い込み、自分の虫歯を誰かに移すことのできる「虫歯あられ」や食欲をコントロールできるようになる「コントロールケーキ」といったふしぎなお菓子を硬貨1枚とひきかえに買っていくが、使用法を守らなければおそるべき副作用に苦しむことにもなる。子どもばかりが主役を張るのではなく、紅子のもとへ老若男女がやってくる連作短篇集スタイルは、児童向けの読みものとしては異色である。

どこが小学生に好まれたのか。まずカバーイラストからして伝わる紅子の強烈な存在感、登場キャラクターたちのインパクトだ。それから銭天堂にやってきた客が幸せになるのか不幸になるのか、予想が付きにくい——必ずしも善人がハッピーエンドになるわけではないという意外性。物語は予定調和でなく、ときには毒もある。それが子どもの好奇心、怖いもの見たさを刺激する。そして、『ドラえもん』のひみつ道具のようなふしぎな力をもち、自分でも考案してみたくなる、紅子たちが提供する駄菓子のガジェット（モノ）としての魅力である。

この作品は、2022年の学校読書調査では中学生女子にまで読者層が広がっていることが確認できる。とはいえ小学生と中学生では読書に求めるものに変化が生じる。だから同じ作品でも反応する部分は違うはずだ。

一般的な傾向として、小学生でも中学生でもホラーは人気だが、小学生の場合は幽霊や妖怪など現実に存在しないものが恐怖の対象になることが多く、中学生向けになると怪異は怪異でも、いじめなどの身近な人間関係、人の悪意や負の感情に由来する超自然現象を扱うことが増える。また、小学生はガジェットや動物に興味をもつ一方で、中学生は人間の感情や内面に関心が移っていく。『銭天堂』はこの両方をカバーする。

たとえば紅子のライバルキャラであるよどみは人を騙し、付け入る。悪意の塊である。よどみが体現するのは「無邪気ないたずら心」ではなく、人を貶めようというドス黒い欲望だ。姿は幼女だが、その内面は思春期女子のいじめっ子に見られる容赦のなさ、性格の悪さそのものである。よどみは存在自体が怪異だが、単なる恐怖の対象ではない。思春期の人間が現実での同年代の人間との付き合いで日々遭遇する悪意や攻撃心に近いものをもっている。

また、『銭天堂』では、紅子の店にやってくる人たちの欲望を満たすようなふしぎな力をもつ駄菓子は、使い方を誤った人をおそろしい目に遭わせるという点も重要だ。少なくない登場人物が、欲にかまけて本来の用法から外れ、絶体絶命の危機に陥る。そこには中高生が読書に求める「人には言えない本音の吐露」がある。そもそも物語のシビアな展開には「小学生向けとは思えない」と定評があったわけで、この作品が中学生にも読まれるようになったのは、当然といえば当然である。

今では児童文庫を中学生も読むようになっているものの、それでも児童文庫を子どもっぽく感じる向きも一部で残っている。その点、本書で後述する『○分後』とタイトルの付く短篇集の多くと同様、『銭天堂』は児童文庫のような新書サイズではなく、大人向けの文芸でもよくあるようなソフトカバー単行本であり、しかし総ルビで編集されていることが、小学生か中学生かを問わず、買いやすく／読みやすくしていると思われる。

『銭天堂』は、内容のエグさ、内面描写の身に迫る感じは中学生でも十分惹きつけられるものだが、文章は総ルビ、かつ平易である。物語内容を大人でも読めるものにすると、文体、言い回しも大人向けに寄せて少数の「本好き」にしか刺さらない本を作ってしまいがちだが、『銭天堂』はそれを避けている。学校読書調査で人気のタイトルを見る限り、中学生になっても高校生になっても、成績上位層や一部の本好き以外は、基本的にそんなに難しい本を読みたいとは思っていない。しかし子どもっぽすぎると、思春期に突入して以降の10代は（とくに女子は）嫌がる。これらの絶妙なバランスを満たしたのが、『銭天堂』だったのだろう。

これは余談だが、筆者は『星のカービィ』や『銭天堂』に対する中学生の需要の大きさ、あるいは本書で取り上げている「中高生に読まれている本」の並びを見ると、大人向けの本でも総ルビの書籍、ルビが多めの本をもっと増やしたほうがいいのではないか、と感じる。出版業界人は「漢字なんて読めて当たり前」と思っているが、それはまわりにそういう人しかいないからだ。実際のところ小中学校で習う常用漢字でもすべて読めない人だっているし、まして高校レベルとなると読み方がわからず、漢字の字面を見ても意味を類推できないためにフラストレーションを感じて本を読まない人もいる——実際にどの程度の割合の人がそう感じているかは定量的なデータがないから不明だが、少なくとも作り手・送り手側はそうだと思って本を作ったほうが、本に対して疎外感を抱く人は減らせるはずである。

②ライトノベル

ライトノベルは２０１０年代序盤までは中高生に圧倒的に人気のジャンルだったが、ピーク時と比べると近年では市場規模も影響力も半減した。そんな今でもなお読まれている作品には、「中高生に刺さる」要素が詰まっている。２０１０年代を通じて、ターゲットが大人なのか10代なのかがブレて客離れを起こした（主に文庫の）ラノベ市場だが、ここで取り上げる作品は「中高生向け」というジャンルの原点を見つめ直させるものでもある。どんな作品が読まれているのか。

20年超のロングセラー『キノの旅』

2000年に刊行が始まった、時雨沢恵一《しぐさわけいいち》『キノの旅』シリーズ（電撃文庫、KADOKAWA。2022年から汐文社より図書館版ハードカバーが刊行開始）は、20年以上にわたって中高生に読まれ続けている唯一のライトノベルである。

一般文芸ジャンルでは、毎年夏休みになると、読書感想文需要をあてこんで出版社各社が文庫フェアを打ち、太宰治や芥川龍之介、夏目漱石などの近代文学作品が今でも売り出される。それとは対照的に、ラノベは新刊中心のビジネスである。刊行から年数のたった既刊でも、「古典」「不朽の名作」扱いされることはほぼない。ラノベでは純文学やSF、ミステリーなどには存在するような、「そのジャンルを語るならこれを読んでおくべき」という「正典」（キャノン）がない。たとえばSFを語るのに『夏への扉』や『幼年期の終わり』『われはロボット』等々を読んでいない場合、少なくとも「SFファン」としては認められない。その昔は大学でSF研究会に入った新入生は「千冊読んでから語れ」などと言われたとされる。一方で「ラノベ好き」を自称する人が『ダーティペア』や『ロードス島戦記』『スレイヤーズ』、あかほりさとる作品や『ブギーポップは笑わない』といった、このジャンルの過去のヒット作を読んでいなくても、ここ数年の人気作品を押さえていれば基本的に会話に不自由しない。歴史的に重要な作品を読んでいなくても、同じラノベ読みから文句を付けられたり、教養主義的抑圧をかけられたりすることはほとんどない（少なくとも年少世代ではそうだろう）。年輩読者が「１９８０～90年代の作品を読んでもいないくせにラノベについて語るな」などとくさしても、老害か面倒くさい人間扱いされるだけである。

ラノベ読者コミュニティの基本的な価値観・規範は「新刊や人気作を追いかけていればいい」というものだ。したがって『キノ』は「名作」だからとか、夏休みのキャンペーンのたぐいのおかげで中高生に発見され、読まれ続けているのではない。いまだ読者同士のクチコミか、図書館や書店店頭の棚からわざわざ選ばれている、ということだ。

では、『キノ』の何が特別なのか。内容面から見ると、型としては「自意識＋どんでん返し＋真情爆発」と「子どもが大人に勝つ」のハイブリッドと言える。

時雨沢恵一『図書館版 キノの旅 the Beautiful World』（汐文社）

このシリーズは、一人称「ボク」の少女キノが、しゃべる二輪車とともに、1冊のなかで6つ前後の国を旅するロードムービー的な短篇集という形式を基本的に取っている。このフォーマットは中高生につねに一定の人気があるサン＝テグジュペリ『星の王子さま』と似ている。と同時に、こういう形式は、1回10分程度の朝読において一編を読み切るのにちょうどいい（ただし近年の児童書とは異なり、『キノ』は意識的に朝読需要を当て込んで作られたわけではない）。

キノのようないわゆる「ボク女」には、現実世界では、性自認が男性だが生物学的な身体は女性である人が一人称「ぼく／ボク／僕」を用いる場合もあるものの、ジェンダーとしては女性だが自意識をこじらせている女性が用いるケースや、思春期に入って男性から性の対象として見られることに違和感を抱いた女性が用いる場合もしばしば存在する。男性が主に用いる一人称「ボク」を使う女性はマイノリティであり、周囲に「特別」な印象を与える。つまりキノの一人称は、10代の肥大した自意識に訴えかけるものがある。

そのキノが訪れる国では「想いが伝わる装置ができたがゆえに、国が滅びかけている」とか、「なんでも多数決で決め、反対する者は粛清していった結果、ひとりしか残らなくなった」といった、ブラック・ユーモアの効いた出来事が起こる。キノは感情をあまりオープンにしないが、各国の人間はキノに対して物語終盤に本性を見せる（「自意識＋どんでん返し＋真情爆発」に合致する展開になる）。このような皮肉っぽさが、たとえば「ウソをついてはいけない」といった常識的な規範や、多数決のような既存のしくみに対しても疑問を抱き、反発しがちな思春期の心をつかむ。

また、アクションも魅力的な要素になっている。普段は感情を表に出さない賢い少女といった感じのキノだが、実は戦うとめっぽう強い銃の名手であり、自分を殺《あや》めようとする相手を倒すことを厭わない（「子どもが大人に勝つ」）。このややギョッとするハードさ、決してきれいごとだけで展開しないビターさは、小学生まで向けの児童文庫などの読みものには、なかなかないものだ。だからこそ、「自分はもう子どもじゃない」という気持ちが芽生えてきた年齢の読者に、刺さるものになっている。皮肉な苦味だけでなく、活躍して勝つことによって読者の気持ちをスカッとさせる（ポジティブな感情の獲得もある）点も重要だ。

さらに「読む前から得られる感情がわかり、読みやすい」部分に大きく貢献しているのは、黒星紅白《くろぼしこうはく》のイラストと鎌部善彦《かまべよしひこ》のデザインである。『キノ』のビジュアルは、叙情性と孤独と不安が入り交じり、「世界」と「自分」との距離を感じさせるものになっている。また、第1巻のカバーソデに記載されたあらすじには「ボクはね、たまに自分がどうしようもない、愚かで矮小な奴ではないか？　ものすごく汚い人間ではないか？　なぜだかよく分からないけど、そう感じる時があるんだ。……でもそんな時は必ず、それ以外のもの、例えば世界とか、他の人間の生き方とかが、全て美しく、素敵なものの様に感じるんだ。とても、愛しく思えるんだよ……」という文面があるが、これだけで心をわしづかみされる中高生は少なくないだろう（10代における感傷やポエム需要の大きさについては別の項でも論じる）。

内容的に古びないものであっただけでなく、絵やデザインもそういうものであったことも決定的に重要だった。ラノベは絵やデザインの流行の変遷が激しく、ひと昔前のものは古くさく見える。だから「長く読まれるライトノベル」は珍しい。だが、『キノ』は時代遅れのビジュアルになることを免れている。しかも、図書館の司書に毛嫌いされるような露出度が高い女性の絵や、原色が使われたロゴを使っていなかった。だから『キノ』は、ラノベであるにもかかわらず、学校や地域の図書館に入りやすい本になりえた。

近年のライトノベルは、もはや中高生向けではなく、その多くは実質的には、大人の読者に向けて作られている。であるからこそ『キノ』は中高生にとって、これからも特別なラノベ作品であり続けるだろう。

『SAO』と西尾維新はなぜ人気なのか

ラノベの20年選手は『キノ』だけだが、学校読書調査で10年以上人気の作品となると川原《かわはら》礫《れき》『ソードアート・オンライン』（KADOKAWA）と西尾維新〈物語〉シリーズ（講談社）がある。

『ソードアート・オンライン』（SAO）は、著者のサイト上に2002年から書かれたウェブ小説をもとに2009年に刊行が開始された作品である。第1巻の舞台となるのは、『ナーヴギア』というVRMMORPG（バーチャルリアリティ空間のなかに構築された世界を、あたかも本物の世界であるかのように多人数同時接続で体験できるゲーム）だ。主人公キリトを含むこのゲームのプレイヤーたちは、開発者である茅場晶彦《かやばあきひこ》の手により、ログアウト不能にさせられる。ゲームをやめることが不可能になり、ゲーム内で死ぬと現実でも死ぬ状態になったキリトたちは、ゲームをクリアして現実への帰還をめざす。これが第1巻の内容である。「デスゲーム、サバイバル、脱出ゲーム」＋「子どもが大人に勝つ」だ。

2006年に始まった西尾維新の〈物語〉シリーズは、吸血鬼により異能の力を手に入れた少年が、同様にワケありの怪異の力や厄介ごとを抱える少女たちの問題を解決していくという物語である。こちらは『キノ』同様に「自意識＋どんでん返し＋真情爆発」と「子どもが大人に勝つ」のハイブリッドだろう。

西尾の作品は他に『クビキリサイクル』に始まる〈戯言〉、『掟上今日子の備忘録』に始まる〈忘却探偵〉、『美少年探偵団』に始まる〈美少年〉の各シリーズも映像化されているが、中高生にずっと支持されているのは〈物語〉シリーズだけである。

〈戯言〉は、主にミステリーを刊行するレーベル・講談社ノベルスから刊行が始まった2

000年代初頭には、「玖渚《くなぎさ》」などの奇天烈《きてれつ》な登場人物名や、各キャラが「人類最強の請負人」といった〝二つ名〟をもつなど、本格ミステリーのなかでは突出してライトノベル的な造形だと評された。しかしいま読むと、軽妙とは言いがたい暗さと会話の小難しさ、連続殺人の痛ましさが目に付く。

それとは対照的に、〈美少年〉の登場人物たちは、自意識や内面上の課題に拘泥せず、軽いノリで活劇が展開していく。人が死なないタイプの事件を解決していく、〈日常の謎〉ものの作品だ。また〈忘却探偵〉も、同じく〈日常の謎〉もので、個人的な悩みを主には扱わないという点で、〈美少年〉に近いといえる。

一方〈物語〉では、現代に生きる思春期の少年少女が抱える、家族をはじめ周囲との人間関係の悩みや心の問題が、蟹や猿といった怪異として表出する。そしてたとえば、誰にも言えなかった家族崩壊の問題について吐き出し向き合うことで、その人物が救済されるさまを描く。シリアスで内面的な問題と、自分は他の人とは違う――つまり自己の特別視という、きわめて思春期的な現象が、作品のなかで一体化している。

と同時に、言葉遊びに満ちた会話のかけあい、気のおけない者同士の〝いじりあい〟のおもしろさも備えている。そこには互いに好き嫌いもはっきり伝えるという、「なんでも話せる関係」がある。

中高生にはパッと見の入り口からして暗く重い作品は手に取ってもらえない。しかし、単に軽く派手な展開だけでは、読み継がれることはない。その点〈物語〉シリーズは、入りやすさ・読みやすさという〝軽さ〟と、深く内面を掘り下げていく〝重さ〟が両立している。それが中高生を惹きつけ、長きにわたって人気を博してきた理由だろう。

また「ラノベは絵柄の変化が激しく、流行りが変わると一時代前の作品が古くさく見える」という問題に対して、〈物語〉はもともと日本の流行とは一線を画した台湾のイラストレーターＶＯＦＡＮを起用していた。さらに同シリーズは「箱入り」の特殊な装丁をした講談社ＢＯＸから刊行されているが、図書館では箱を外し、イラストのない本体だけが流通していることが多い。これによって、絵の流行に左右されずに済んでいる面もあるだろう。

西尾維新『化物語（上）』
（講談社 BOX）

ただ、〈物語〉シリーズは性的な含意を含むやりとりがあまりに多い。それはこの作品が始まった当時（２０００年代）のサブカルチャーで影響力をもっていた、18禁のポルノゲーム（美少女ゲーム）のノリを汲んでいるからである。正直言って２０２０年代の今となっては、この部分は時代に合っていない感じを受ける。今後いつまで10代に読み継がれるシリーズになるかは、なんとも言えないところだ。

『ようこそ実力至上主義の教室へ』が描く生々しい学園バトル

2010年代に入ってから始まった作品でも、学校読者調査上で「常連」化しているタイトルはいくつかある。

たとえば2015年から刊行されている衣笠彰梧《きぬがさしょうご》『ようこそ実力至上主義の教室へ』(MF文庫J)だ。同作は、インターネットからの読者投票と編集部が選んだ識者(「協力者」)の投票によってライトノベルの年間ベストを選出する『このライトノベルがすごい!』においても、一般読者によるウェブ投票の「数」では2019年から4年連続1位、それも10〜20代から圧倒的な支持を集めている。『このラノ』には、取次やネット書店が発表する年間売上ランキングと同じ顔ぶれが並ぶと、ラノベファンがわざわざムックを買う動機がなくなってしまうことから、「尖った作品」「新作・準新作」をトップにしたいという編集部の思惑がある。だから総勢数千人に及ぶ「一般読者」からの投票よりも、玄人好みの作品を選ぶ傾向が強いブロガーや書店員を中心とした数十人の「協力者」からの投票に対して傾斜配分がなされている。実質的には、協力者票の1位になった作品が、対外的に公表する総合ランキングで1位になりやすいように投票システムが設計されているのである。

そのため『よう実』は一般読者からの投票数では3年続けて1位だったにもかかわらず、「このラノ」上で総合1位になったことは、2022年末発売の『このライトノベルがすごい！　2023』までなかった（さすがに4年連続で1位から外すと、そのほうが客離れを起こすと危惧して1位にしたのだろうと思う）。ともあれ、一般的なラノベ読者の感覚に近いウェブ投票では2010年代末以降、トップ人気を誇っている。学校読書調査でも2018年以降、毎回高校生男子の「読んだ本」ランキング上位に食い込んでいる。

衣笠彰梧『ようこそ実力至上主義の教室へ』（MF文庫J）

作品の舞台は（架空の）全寮制の国立高校「高度育成高等学校」だ。広大な学校の敷地内に街がまるごと用意され、生徒たちは卒業まで学校行事以外での敷地外への外出や、外部との連絡が許されない。最上位の成績を収めたAクラスの生徒は希望する就職、進学先にほぼ100%進める一方、Bクラス以下の生徒にはその特約はない。生徒たちは学校が課す「無人島でのサバイバル」などのゲーム的なルールに基づく特別試験を、AからDまでの4クラス対抗で争ってポイントを獲得、ポイント数の多寡《たか》によってクラスが変動する（DのポイントがCより多くなればDがC

に、CがDに入れ替わる)。ポイントは生徒が毎月使える金銭代わりに支給され、0になれば最低限の生活しかままならず、成績上位クラスとは激しい格差が生じる。その上、結果が残せず、クラスへの貢献度の低い生徒は投票により退学させられる。

主人公・綾小路清隆が配属されたのは性格や態度、成績に問題児揃いのDクラス。幼少期より父に強いられていた苛烈な環境から逃れるために、外界から途絶した環境で過ごせる高度育成高校に入学した綾小路は、平穏な3年間を望んでいた。しかし彼の実力を見抜いた担任の教師が、自らの出世のために「卒業までにDクラスをAクラスにしろ。さもなくば退学だ」と綾小路を脅してきたこと、また、綾小路の父から学校に放たれた刺客たちが綾小路の退学を狙って仕掛ける罠を回避するために、彼はその非凡な実力を行使せざるをえなくなっていく。

この作品は、クラス対抗という集団での学園サバイバルもの(「デスゲーム、サバイバル、脱出ゲーム」)である。主人公は特殊な環境で養育されたこともあって人間的な感情の振幅に乏しく、冷徹であり、ほとんどサイコパスと言っていいが、大人を出し抜くほどの有能さがある(「子どもが大人に勝つ」)。また、舞台となる高校に通う生徒は、それぞれにスポーツや集団の統率力などに秀でた部分をもっているが、みな中学校時代に事件や問題を起こしたか巻き込まれるなどしたワケありの人物である。そうした各キャラクターに隠された重い内面や過去が暴かれ、追い詰められ、秘めた感情が各巻の終盤では噴出する（「自意識＋どんでん返し＋真情爆発」）。

教育学や教育社会学で説かれるように、教育の二大原理は「卓越性」と「公正」の追求である。前者はそれぞれが才能や学力を伸ばすこと。後者は恵まれない家庭に生まれ育った子にも機会を平等に与え、誰も見捨てず、格差を是正して全体を底上げすることだ。ざっくり意訳すれば「個人最適」の追求と、「全員を救うこと」の追求だ。

『よう実』の舞台となる高度育成高校では、現実の学校以上に、この二大原理がダイレクトかつダイナミックにせめぎ合う。たとえば入学当初、綾小路のクラスメイトである堀北鈴音は、実力主義かつ個人主義という卓越性追求の典型として現れる。堀北は赤点を取ったクラスメイトの須藤を切り捨てようとする。一方でクラス全体の利益を考えて振る舞う平田などは公正追求の典型と言える。

現実の教育制度では、試験や成績が個人単位のものゆえに卓越性追求に傾き、「自分さえ良ければ」になりやすい。そしてお金と才能がある人間は多様な教育機会と充実した環境に恵まれ、ますます強くなる。「現実そのまま」では希望もおもしろみもないわけだが、そこをひねっているところに『よう実』の特徴がある。

『よう実』はクラス対抗の「集団戦」をベースにすることで、卓越性と公正を同時に追求させる。クラス単位での成績と紐付いて配給額が決まる「クラスポイント」の多寡が、個人で学校の敷地内での買い物などに使える「プライベートポイント」の増減と紐付く。クラス全体の成績が良ければ、個々人に対してお金の代わりに配られるポイントが増えるのである。そして四つあるクラスのなかで最大のクラスポイントを達成し、Aクラスで卒業すると、望む進路が約束される。だから多くの生徒が「自分（だけ）が望むとおりになればいい」と思いながらも、クラス全体のために振る舞って勝ちをめざすことを半ば強いられる。個人技の発揮とチームとしてのバランスや底上げの両立を求めながらも競わせ、必ず敗北者・脱落者が生まれる厳しさには、アイドルグループのメンバーを選ぶサバイバル・オーディション番組に似たおもしろさがある。

ただ『よう実』は卓越性と公正の「両立」を求めるにとどまらず、卓越性原理主義と公正原理主義、バランス重視型の人間たちがクラスのあるべき姿、学校の制度自体を競うところもスリリングだ。

また、現実には、自分がすごくなりたいわけでもなければ助けあってみんなで上をめざしたいわけでもない人間もいる。ところが『よう実』では、卓越性も公正もどうでもいいが退学だけは避けたい綾小路や高円寺のような存在も、敵対勢力の登場や試験のしくみなどによって集団戦に参加せざるをえない状況に仕向けられていく。

卓越性と公正原理は両立不可能ではないが、現実では両立が難しい。『よう実』は「集団戦」によって生徒たちに同時に追求させるしくみを用意する。だがきれいごとに終わらせない。そもそも卓越性に振れるべきか両立を堅持するかという線引き自体をもめぐって争わせる。また、卓越性と公正いずれにも乗らない生徒、裏で行われる無数の取引／約束、不正も平気で行う存在を投入することで、集団戦をより生々しく、各キャラの感情を刺激するものに仕上げ、きれいごとを嫌う10代読者の心をつかんでいる。

読まれる要素満載の『Re：ゼロから始める異世界生活』

２０１２年にウェブ小説投稿サイト「小説家になろう」で連載が始まり、２０１４年に書籍版の刊行が開始した長月達平『Re：ゼロから始める異世界生活』（MF文庫J）も、近年に至るまで複数年にわたって学校読書調査上で人気のライトノベル作品である。

長月達平『Re:ゼロから始める異世界生活１』（MF文庫J）

現代日本から異世界に転移した少年ナツキ・スバルは、唯一手に入れた「死に戻り」の力を使って何度も選択をやり直し、複雑に絡む謎を解き明かしながら、ヒロインたちを救うために奮闘する。「死に戻り」とは、死亡すると死ぬ前のある時点まで時間が巻き戻され、違う選択肢を選ぶことができる、というものである。多くのビデオゲームでは、プレイヤーがミスをしてゲームオーバーになると、最初から、またはセーブしたところからやり直すことができるが、それと同じことができる能力を主人公のスバルはもっている、ということだ。

第1章では「死に戻り」の基本設定の説明とメインヒロイン・エミリアとの出会いが描かれる。第2章では、スバルがエミリアとともに滞在することになった館で起きる惨劇を避けるために何度も死に戻りして行動するなかで、レムやベアトリス、エミリアといった主要キャラクターたちの隠された一面が垣間見えていく。

スバルは、自分または重要な女性キャラクターが死ぬ結末に至る選択肢を避けるために何度もやり直しをする。これは細田守監督のアニメーション映画『時をかける少女』などと同様のいわゆる「ループもの」だが、死を避けるために脱出ルートを探すという意味で「デスゲーム、サバイバル、脱出ゲーム」に該当する。あるルートでは、エミリアやレムと仲が深まりスバルは喜ぶが、また別のルートでは彼女たちが死んだり、あるいは彼女たちに殺されたりすることさえある（「正負両方に感情をゆさぶる」）。

また、並大抵の行動では、スバルが惹かれるエミリアや、スバルを想ってくれるレムが死ぬことが避けられないなかでの恋愛という意味では「余命もの（死亡確定ロマンス）」のバリエーションである。ループものという性質上、違う選択をしていた場合には悲痛な心情を抱えた状態で死に別れているわけで、「死に戻り」をしてやり直したあとは、必然的にある意味で「死者（になる確率が高い大事な人）との再会・交流」が描かれることになる。また、何度もループをくりかえすうちに最初は見えてこなかった各キャラクターの背景や秘めた想いが徐々に見えてきて、そこにはどんでん返しと真情爆発もある（「自意識＋どんでん返し＋真情爆発」「思春期の自意識、反抗心、本音に訴える」）。そしてスバルは「死に戻り」はできるが身体能力は普通の人間であり、魔法や尋常ならざる武術の使い手たちが立ちはだかる異世界において、知恵を絞って困難を乗り越えることになる（「子どもが大人に勝つ」）。

　現実世界からファンタジー世界（異世界）へと転生・転移する物語は２０１０年代以降、非常にポピュラーなフォーマットになっており、「異世界に行くと主人公が現代世界の知恵や獲得した特殊能力を使って活躍する」ということを読者は知っている。つまり「読む前から得られる感情がわかり、読みやすい」も満たしている。ただ、「なろう系」と呼ばれる異世界転生・転移ジャンルでは、現実世界で大人が死んで異世界に転生して子どもに生まれ変わるとか、異世界の人間の魂に入るパターンもあるが、『Re:ゼロ』は不登校の高校生がジャージ姿のまま異世界に行く。内面が大人のなろう系は、伏瀬《ふせ》『転生したらスライムだった件』を除くと、なかなか複数年にわたっては学校読書調査上にランクインしてこない。『Re：ゼロ』や暁なつめ『この素晴らしい世界に祝福を！』の書籍版のように、高校生が高校生の姿のまま異世界に転移するほうが、高校生読者を獲得しやすい。

変化球ではあるが、三大ニーズを見たし、四つの型のいずれの要素もあるのが『Re：ゼロ』であり、2010年代以降、学校読書調査で継続的に人気があるのも、うなずける。

2010年代の人気作品

学校読書調査上で名前があがるほかのライトノベルも、この四つの型でおおよそ説明がつく。

たとえば2019年スタートの二語十《にごじゅう》『探偵はもう、死んでいる。』（MF文庫J、以下『探もし』）は、TVアニメが2021年7月期に放映されたが、2021年6月に実施された学校読書調査で高校生男子上位に入っている（2022年でも同様）。つまり「アニメの影響で読まれた」わけではない。この作品では、探偵の助手である主人公・君彦は、ヒロインの名探偵シエスタを、タイトルどおりすでに失っている。つまりこれは「死亡確定ロマンス」だ。

だがシエスタの心臓は、夏凪渚という少女に移植されており、特殊な力によってシエスタの魂は、渚や君彦との対話が少しだけ可能である。これは「死者との再会・交流」設定にあたる。君彦と渚はシエスタの遺志を継ぎ、「世界の敵」とされる謎の組織・SPESとの戦いを続けていく。

詳しくは後述するが、中高生に刺さるミステリーでは、重要なのは論理的な謎解きの部分ではない。「生死や人生がかかった状況で、想い人や家族に強い想いを吐露する／托す物語」であるかどうか、である。そもそも『探もし』は、どんでん返しはあっても読者に論理的な推理を求める要素は強くないという「自意識＋どんでん返し＋真情爆発」パターンだ。

『探もし』の主人公は、ことあるごとにトラブルや事件に遭遇する「巻き込まれ体質」を特殊能力としてもつ「世界の特異点」（作中での表現。要するに特別な存在ということ）である。一方の渚は「何者でもない自分はいやだ」と思っている。そこには「自分は特別」という、いかにも思春期らしい世界に対する自己中心的な感覚が、あるいは「今は何者でもないが、いつか何者かになれるはずだ」という、根拠なき期待や自負が投影されている。

同様に、学校読書調査上で名前があがる安里《あさと》アサト『86―エイティシックス―』（電撃文庫）は、ファンタジー世界を舞台に、人間扱いされていない被差別民たちが絶望的な戦いに駆り出されて次々死んでいく話だ。これはある種の「デスゲーム、サバイバル、脱出ゲーム」であり、主人公は死者の声が聞こえる異能力の持ち主であることから「死者との再会・交流要素」もあり、圧政を強いる汚い大人に一矢報いるという意味では「子どもが大人に勝つ」でもある。

２０１１年から「小説家になろう」で連載が始まり、２０１２年に主婦の友社から単行本で書籍化され、２０１４年以降はヒーロー文庫から書籍版が刊行されている日向夏『薬屋のひとりごと』は、高校生女子に人気が高い作品だ。毒に詳しい薬師で、人さらいに売られて後宮の下級女官になった主人公の少女・猫猫《マオマオ》が、宦官《かんがん》の壬氏《じんし》に知識と判断力を買われ、宮中で起こる怪事件を解決していく――「子ども・若者が大人に勝つ」パターンである。

顎木あくみ『わたしの幸せな結婚』（富士見Ｌ文庫）

やはり「小説家になろう」に連載され（現在は削除）、２０１９年に富士見Ｌ文庫から書籍化が始まった顎《あぎと》木《ぎ》あくみ『わたしの幸せな結婚』も、２０２１年、２０２２年の学校読書調査高校生女子部門で名前があがっている作品だ。異能の力が存在する架空の大正時代を舞台に、異能の力をもたないとされて家族に否定され続けて育ったために自己肯定感の低さを極めた主人公の美世《みよ》が、これまで何人もの花嫁候補を断ってきた美青年・清霞《きよか》のもとに嫁入りを命じられ、相思相愛になるのだが、美世は何かあるとすぐに自虐的・自罰的な思考に走り、他人と自分を比べて自信を失う。しかし最終的には清霞の愛を確認する。「自意識＋どんでん返し＋真情爆発」である。と同時に、美世は「異能の力がない」どころか実はさまざまな勢力が狙って争奪戦になるほどの突出した異能の力をもつ。また、清霞も若いが高い戦闘能力をもち、最高権力者・帝の息子と幼なじみであり、「子どもが大人に勝つ」要素もある。

ラブコメの微妙な立ち位置

前述した読者投票形式の年刊ランキングムック『このライトノベルがすごい！』への10代読者の投票上位作品と、学校読書調査で中高生が読んだ本の上位にあげているライトノベル作品の並びを見比べると、興味深いことがわかる。

2022年度の学校読書調査と『このライトノベルがすごい！　2023』で共通してランクインしている人気作品としては『ようこそ実力主義の教室へ』『スパイ教室』『Re：ゼロから始める異世界生活』『86―エイティシックス―』『転生したらスライムだった件』がある。これらは2010年代半ば以降に書籍化が始まった、ストーリー重視の作品と言える。

学校読書調査のみで見られるのは『キノの旅』『ソードアート・オンライン』、〈物語〉

シリーズといったロングセラーである。ということは、『このラノ』に投票するような積極的なラノベファンは、実際には読んでいるかもしれないが、わざわざこうしたタイトルには票を投じないようだ（なお『ソードアート・オンライン』は『このライトノベルがすごい！2020』において「殿堂入り」認定されて以降、そもそも投票対象外になっている）。

一方、『このラノ』上のみで見られる作品としては『お隣の天使様にいつの間にか駄目人間にされていた件』『千歳くんはラムネ瓶のなか』『時々ボソッとロシア語でデレる隣のアーリャさん』『義妹生活』『継母の連れ子が元カノだった』などがある。いずれも男女の恋愛を軸に描いたラブコメディ（ラブコメ）で、これらが10代のトップ10の半分を占めている。

学校読書調査と『このラノ』での10代の人気作品の違いは、いったいどういうことなのか。中高生はラブコメ作品を学校読書調査のアンケートであげるのが恥ずかしいから書いていない――とは考えにくい。学校読書調査の設計は、回答内容を同級生や教師に把握されるようなものにはなっていないからだ。

ということは、10代のラノベファンにはラブコメのニーズは大きいが、非ラノベファンも含めた中高生全体で見たときには、ラブコメ好きの数はおそらくそこまで多くはないのである。ラノベファンに加えて、（ラノベファンとまではいかないが）「ライトノベルも読む」

層も支持する『キノ』や『Re：ゼロ』などの作品だけが学校読書調査のランキングでは確認できる、と考えるのが妥当だろう。

ちなみに『このラノ』の年代別投票ランキングを見ると、ラブコメジャンルの人気は10代と20代に集中しており、30代以上では上位に入る作品数が激減する。つまりラブコメは、10代と20代で、ラノベファンを自認するコアな読者層にのみ固有の需要がある。若いラノベ読みのなかには当たり前にいる存在だが、本を読む人全体で見ると少数派――そんな微妙な立ち位置にいるのが、ラブコメラノベの読者なのである。

ラノベといえば「セックスはしないもののそれを連想させる展開やセリフ、ソフトな身体接触があり、女性キャラクターの下着・水着などがイラストで描かれる」という性的な要素が少なくないイメージをもっている方もいるだろうが、学校読書調査で上位になるラノベのなかでは、ラブコメは実は一貫して少数派である。ラノベが学校読書調査を席巻していた2010年代初頭に遡っても、『デート・ア・ライブ』や『IS〈インフィニット・ストラトス〉』『ロウきゅーぶ！』などがあるくらいで、しかも前2作はラブコメに加えてバトル要素が強く、後1作は一応スポーツものでもある。バトルやギャグ色が控えめな純然たる「学園ラブコメ」は、学校読書調査では「たまに顔を出す」程度の人気なのだ。

もっとも、ジャンルとしてラブコメでなくとも「恋愛要素」がある人気作品自体は少なくない。長期人気の〈物語〉シリーズや時々ランクインする鴨志田《かもしだ》一《はじめ》『青春ブタ野郎』（2014年からシリーズ継続中。電撃文庫）シリーズは、キャラ同士のかけあいのなかに性的な要素が多分に含まれてはいる。しかしおそらく〈物語〉や『青春ブタ野郎』が広く支持されているのはエロ／ラブコメ要素があるだけでなく、「自意識＋どんでん返し＋真情爆発」という10代に幅広く刺さる「型」だからこそだろう。また〈物語〉は講談社BOXというレーベルの仕様上、箱に描かれたカバーイラストを除けばほかのラノベと比べて絵がほとんどなく、大人や同世代の非ラノベファンに読んでいるところを見られたり、本棚にあるのを知られたりしても、二次元のキャラのエロいイラストを見られて恥ずかしい思いをすることがない。文字では下ネタが書かれていても、本としてはビジュアルで表現されていない。むしろそのほうが、広い読者を獲得することに貢献したのかもしれない。

　エロ要素の強いラノベ、ラブコメラノベは今でも当たり前に刊行されており、ラノベファンには熱烈に支持されているタイトルもいくつもある。しかし、中高生男子全体で見るとそれらはニッチなジャンルなのだ。

「ラノベは性的」というイメージに基づいて生徒から遠ざけている教師や司書、保護者もいるだろうが、むしろそういう要素が目立たないタイトルのほうが学校読書調査上では（つまり中高生全体で見れば）支持されているのが現実だ。学校読書調査で名前のあがるタイトルなら、図書館に入れたとしても、教育的に、あるいは公共空間に置かれるものとしてまずいようなイラストが大量に含まれている可能性は、現在はそれほど高くない。

もともとエロやラブコメは本を読む中高生全体で見ると決して強いニーズがあるとは言えないジャンルだったが、2010年代以降、そもそも若者の性的な関心自体が平均して見ると減退傾向にあることも知っておいたほうがいいだろう。

1974年から6年ごとに日本性教育協会が実施している「青少年の性行動全国調査」では、調査開始以来、高校生・大学生の性行動経験率はおおよそ徐々に活発化し続け、2005年に男女ともにピークになった（高校生男子26・6％、同女子30・3％、大学生男子63・0％、同女子62・2％）。しかし、2011年調査では高校生、大学生ともに大きく低下し、2017年調査ではさらに低下して性行動経験率は高校生男子13・6％、同女子19・3％、大学生男子47・0％、同女子36・7％。

さらに2017年調査では性行動の経験率だけでなく、「今までに性的なことに関心をもった経験があるか」への回答でも中高生で低下が著しく、また、「交際相手がいる者」の割合も大きく低下している。2005年調査では「交際相手あり」が高校生男子21・8％、同女子29・5％、大学生男子38・2％、同女子46・0％だった。対して2017年調査では高校生男子15・8％、同女子23・8％。大学生男子26・1％、同女子30・5％。

「性に関心がない」という意思表示をする若者は、2017年には中学生男子では50・6%、同女子では68・4%である。また、性に対して「汚い」「暗い」といった否定的なイメージも強くなってきている。

半分以上が「性に関心がない」と答えているのだから、ラノベに限らず性的なフィクションが中高生にうけづらいのは当然である。マンガ雑誌としてもっとも部数の多い「週刊少年ジャンプ」でも、女性読者が顕著に増加した2000年代以降も1作品は「エロコメ枠」(「エッチなラブコメの枠」の意)と一部で呼ばれる内容のマンガが入れ替わりしながらも存在し続けていたが、2022年春に矢吹健太朗『あやかしトライアングル』がマンガアプリ「ジャンプ+」に移籍したことで消滅。しかし、さわやかな青春ラブコメである三浦糀《こうじ》『アオのハコ』は残った。これは筆者には象徴的なことに感じる。エロに興味がある若者が半分以下なのであれば、ポルノはともかく一般向けの作品では、性的な要素を入れないほうがむしろ広く好まれる確率を上げるものになりうる。

興味深い傍証として、韓国発のウェブトゥーン(フルカラー縦スクロールコミック)に関する発言がある。ウェブトゥーンは10代～30代を中心にスマートフォン上で気軽に読めるコミックとして日本でも近年多くの読者を獲得している。日本式の白黒でコマ割りのあるヨコマンガと比べて、読者にはマンガのライトユーザーが多いと言われている。ウェブトゥーンの代表的な作品のひとつに、日本最大級のマンガアプリ「ピッコマ」で月間売上１億円を達成し、韓国・中国・日本・フランス・北米などを合わせた全世界での閲覧数が１３０億を超え、現在のグローバル・ウェブトゥーン市場でトップレベルのヒットとなった『俺だけレベルアップな件』（『俺レベ』）という作品がある。この『俺レベ』などを代表作とする韓国のウェブトゥーン制作スタジオ RedIce の日本法人レッドセブンの代表イ・ヒョンソクは、「ウェブトゥーンでは日本のライトノベルでよく見られるようなソフトエロ展開はまったくウケない」と語っている。『俺レベ』などのバトルもののファンタジー作品などは若年男性にも人気があるが、そこにヒロインを登場させて男性の性欲を喚起するような内容を入れるとむしろ逆効果で、エロはやらないほうがいいと言う。もちろんいわゆる「エロマンガ」的な、セクシャルな内容だけを描いたウェブトゥーンもあるが、「エロはエロ、一般向けは一般向け」で分けたほうがいいのである。

日本のアニメやラノベ、ゲームでは、男性ファンを獲得するための手段として、気軽に性的な要素やラブコメ的な展開が盛り込まれる傾向にある。だからここまで書いてきたことは、当該業界の関係者ほど受け入れがたく感じるかもしれない。たしかに『このラノ』のランキングを見ても、ラブコメやソフトエロが好きな人たちは一定数いる。シリーズ累計１００万部、２００万部を超えるラブコメラノベもあるのだから、読書人全体からすれ

伏瀬『転生したらスライムだった件１』（GCノベルズ）

ば「一部の読者」ではあっても、ビジネス的には十分すぎるパイはある。けれども、もしもっとマスなファンを獲得したいと考えている場合には、それらの要素が足かせになりうる。

２０２３年現在、「小説家になろう」の全作品中トップ（累計ランキング１位）にして書籍版やマンガのシリーズ累計発行部数が４０００万部を超える伏瀬『転生したらスライムだった件』（GCノベルズ）は、中高生男子にも人気だが、この作品には恋愛や性的な要素がない。通り魔に刺殺されたゼネコン勤務の37歳男性が異世界でスライムとして転生したことに始まり、主人公は他者を捕食するとその能力や姿を吸収できる能力を使って、ときにスライム姿、ときに人間の若者の姿になりながら、愉快で個性的な魔物たちを率いてコミュニティを大きくし、文明を発達させていく。主人公は女性キャラクターに好かれるが恋愛関係にはならないしセックスもしない。ときには夜のお店で羽を伸ばそうとするが女性キャラに阻まれる。いわゆるサービスシーンとかラッキースケベ（意図せず男性キャラが女性キャラの胸を触ってしまうといったイベント）的なものもほとんどない。それが日本のウェブ小説でもっとも人気があり、コミカライズされて２０１０年代以降トップクラスに売れたマンガのひとつにもなったことは、「男性読者に向けたウェブトゥーンであっても、エロはいらない」というイ・ヒョンソクの発言と響き合うものがある。

ラノベファン固有のニーズをもち、ラブコメを好む中高生読者はいるものの、もう少し引いて中高生全体のなかのラノベ読書の傾向を学校読書調査から見ていくと、「ラノベ（ないしオタク文化）特有の表現」よりも「三大ニーズを満たす四つの型」を用いた作品のほうが、人気があると言える。

③ボカロ小説

ヤマハが開発した合成音声技術「ボーカロイド」（代表的なものは初音ミク、鏡音《かがみね》リン・レンなど）を使って制作され、YouTube上などで人気を博した楽曲を原作に書かれた「ボカロ小説」というジャンルがある。これはオーディオブックではなく、曲や歌詞、ミュージックビデオの世界観をもとに小説にしたものである。

ボーカロイドは、もともと人間の歌手の代わりに機械（合成音声）にボーカルを担当させるために作られたソフトウェアであり、人間がレコーディングする前の「仮歌」を録ることが想定されていた。しかし、その合成音声に対して人間の音声にはない独特の魅力をユーザーが発見した。また、そもそもソフトウェアの名前が「初音ミク」「鏡音リン・レ

悪ノＰ（mothy）『悪ノ娘　黄のクロアテュール』（VG文庫）

じん（自然の敵Ｐ）『カゲロウデイズ―in a daze―』（KCG文庫）

ン」などキャラクターの名前になっており、パッケージにキャラクターのイラストが描かれていたことなどから、ボーカロイドを使った楽曲にとどまらず、「キャラクターとしてのボーカロイド」を使って物語を作るといった二次創作（メーカーや作家が提供する作品ではなく、既存の作品を元にしてユーザーが創作したもの。いわゆるファンフィクション）が隆盛した。その流れから、ボカロ楽曲を原作にした小説が登場したのである。

　ボカロ小説は、イラストの付いた表紙やキャラクター重視の物語内容をもち、主にライトノベルを刊行してきた出版社から刊行されているため、広い意味ではライトノベルに含まれる。しかし、ラノベファンからもボカロファンからも「ラノベとボカロ小説は別物」と思われている。したがって本書ではラノベの節とは分けて扱っている。

　ボカロ小説は、学校読書調査上では２０１１年に『悪ノ娘　黄のクロアテュール』（Ｐ

ＨＰ研究所）が初めて顔を出して以降、毎年２、３作品は上位作品に名前が見える。じんが楽曲に始まりマンガやアニメなど多メディアに展開したカゲロウプロジェクト（カゲプロ）の小説版『カゲロウデイズ』（ＫＣＧ文庫）は２０１３年から２０１８年まで学校読書調査上にランクインしていたし、HoneyWorks（通称ハニワ）原作の『告白予行練習』（角川ビーンズ文庫）に至っては２０１４年から最新２０２２年までずっと女子に人気がある（カゲプロとハニワの2作だけが例外的に長期人気だった）。

『カゲロウデイズ』は姿を消してしまったものの、２０２０年代に入ってからボカロ小説の刊行点数は再び増加傾向にあり、学校読書調査では２０２２年には中２男子でChinozo原作『グッバイ宣言』と、かいりきベア原作『ベノム』（ともにＭＦ文庫Ｊ）が新規タイトルとして入っており、いよいよボカロ小説人気が復活してきた感がある（『グッバイ宣言』『ベノム』はいずれもアニメ化などの大型展開が２０２２年にあったわけではない）。

なぜこれらボカロ小説は中高生に一定の人気を保ってきたのか。ボカロ小説の歴史を簡単に辿りながら考えてみよう。

クリプトン・フューチャー・メディアからボーカロイド「初音ミク」が２００７年に発売されると、前年にサービスが開始してネット民（熱心なインターネットユーザー）を惹きつけていた動画投稿サイト「ニコニコ動画」でボーカロイドを使った曲がブームとなった。

その盛り上がりのなかで、物語性の強い楽曲が投稿され始める。初期の注目作のひとつが2008年4月に投稿された悪ノP「悪ノ娘」「悪ノ召使」だ。悪ノPの「P」とは「プロデューサー」の意であり、ただし音楽プロデューサーではなく、作曲者を意味する（ボーカロイドを使った作曲者は「ボカロP」と呼ばれる）。ストーリー性のあるボカロ楽曲は、動画サイト上での人気にとどまらず、出版や映像へと二次展開され始める。2010年には初の本格的なボカロ小説として、ボーカロイドである鏡音リン・レンをもとにしたキャラクターたちが登場する『悪ノ娘』が刊行され、シリーズ化されて累計発行部数100万部超になる。同作の出版元であるPHP研究所は、猫《ねこ》口眠《みん》@囚人P『囚人と紙飛行機』やhalyosy による卒業ソングを小説化した『桜ノ雨』などを次々に成功させ、KADOKAWAや一迅社も追随してボカロ小説刊行ラッシュが2012年ごろから起こる。

『悪ノ娘』は後続のボカロ曲／小説同様、主に若い女性読者を獲得した。このファンタジー作品では、主人公の片割れの王女が暴君として親族、家臣を含めて次々殺害し、しかし、民衆の反乱に遭って王女はギロチンにかけられる。ダークで悲痛な世界観の作品だが、ボカロ曲／小説では「エグい」か「かわいい」がヒットの二大系統であり、『悪ノ娘』は前者に属する。この過剰さ、過激さはデスゲームに通じるものがあり、「思春期の自意識、反抗心、本音に訴える」。ボカロ曲は主流のJ‐POPやアニソンのオルタナティブとして、それらが（放送コードに対する配慮などの理由から）使わないモチーフや言葉、フォーカスしない感情――しかし需要はあるもの――を積極的に描いて人気を獲得している。

ボカロ小説史上最大のヒットになったのがじん（自然の敵P）『カゲロウデイズ』である。カゲプロに登場するメカクシ団のメンバーは、みな自殺や殺人によって悲惨な死を経験することで「目」にまつわる特殊能力を獲得しており、彼らは世界をループさせている「カゲロウデイズ」についての秘密と、メカクシ団メンバー同士のいわくつきの過去について知っていく。このプロジェクトは2011年に楽曲投稿が開始され、2012年から小説版が刊行開始（2017年完結）、TVアニメが2014年に放映され、2010年代前半には社会現象と言っていいほど話題を集めた。

しかし、カゲプロはシリーズ累計400万部以上売れたにもかかわらず、ラノベファンが投票でランキングを決める『このラノ』で上位に入ったことが一度もない（ほかのボカロ小説も同様）。また教育相談員の田中すみ子は、カゲプロファンの不登校の中3女子に、アニメ化もされた人気のラブコメラノベ『俺の妹がこんなに可愛いわけがない』について尋ねたところ「あれはオタク系ですから」とカゲプロとはまったくの別物だと返されたことを記している（田中すみ子「ピンポイントの読者ターゲットへの戦略『俺の妹がこんなに可愛いわけがない』」、『日本児童文学』2014年7・8月号）。「キャラクターのイラスト付きの小説」という点ではパッケージは似ているが、狭義のラノベの読者層とボカロ小説の読者層は違うのである。

「ボカロ小説」と言っても、じんの作品には初音ミクやIAといったボーカロイドはキャラクターとして登場しない。カゲプロにはじんがつくったオリジナルキャラしか出てこないのである。つまりボカロ小説は当初『悪ノ娘』的な「初音ミクなどのボーカロイドがキャラクターとして出てくる二次創作小説」だったが、カゲプロ前後から「ボカロを使った曲を原作にし、作曲者や小説家によるオリジナルキャラクターが登場する小説」（ボーカロイドはキャラクターとして登場しない小説）になった。この違いはややこしいので覚えていただかなくてもけっこうなのだが、「ボーカロイドキャラクターの二次創作小説」と「ボカロP自身が考えたオリジナルキャラクターの登場する小説」では、ビジネス的には大きな違いが生じる。後者の場合、原作の権利はボカロPに一元化され、映像化などメディアミックスする際にクリプトンなどのボカロメーカーに伺いを立てる必要がない。逆に言うと「ボーカロイドキャラクターの二次創作」の場合、商業媒体で小説化、マンガ化、映像化するときには、楽曲制作者だけでなくボーカロイドの販売元にも許諾を取り、ロイヤリティ（使用料）を支払わなければならない煩雑さがあった。

カゲプロ以降、「ボカロを使った曲を原作にし、作曲者や小説家によるオリジナルキャラクターが登場する小説」が隆盛し、Last Note.『ミカグラ学園組曲』、HoneyWorks『告白予行演習』、れるりり『脳漿炸裂ガール』などのように映像化される作品もいくつか現れた。だがいずれも映像化作品は商業的に成功せず、ニコ動のスマホ対応への遅れも相まって、ボカロ小説ブームは2010年代半ばには収束していった。

HoneyWorksの楽曲の特異性

その後も継続的に中高生に人気のあったボカロ小説は『カゲロウデイズ』と原案HoneyWorks、著・藤谷燈子、香坂茉里の『告白予行練習』だけだ。

HoneyWorks『告白予行練習』（角川ビーンズ文庫）

クリエイターユニットHoneyWorksの楽曲を原作とし、角川ビーンズ文庫から刊行されている小説シリーズ『告白予行練習』は学校読書調査だけでなく朝読ランキングの中学生文庫部門（2019年5月発表）にも入っている。

このシリーズは、HoneyWorksの「ヤキモチの答え」「金曜日のおはよう」「初恋の絵本」などの楽曲のMVで描かれている中高生男女を主人公に、毎巻1組の男女の関係性にフォーカスをし、ふたりが勘違いやすれちがい、逡巡や葛藤を経ながら恋愛を成就させていく

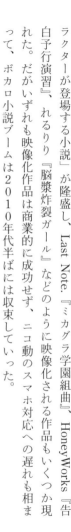

までを描く学園青春小説である。「ずっと前から好きでした」と告白するが、うまくいかなかったときのことをおそれて「練習」だということにする、という導入部が咲坂《さきさか》伊緒《いお》『アオハライド』と似ていることからわかるように、ティーン向けの少女マンガ的な恋愛が描かれていく。また、男女の恋愛以外にも、映画研究会や美術部など部活にも打ち込んでいる彼ら／彼女たちが進路に悩み、同調圧力から女友だちを仲間外れにすることに加担してしまったと後悔したりと、学校内のさまざまな人間関係の悲喜こもごも、進路に対する悩みも「思春期の自意識、反抗心、本音に訴える」重要な要素だ。

『告白予行練習』成功の理由は、中高生向け少女マンガ風の世界観のMVと小説の連動だろう。世に「少女マンガから出てきたような」と形容される存在は多いが、男女両方が登場人物＝歌い手になって学園恋愛ものの世界観を表現するMVを展開するグループは、少なくともメジャーシーンでは皆無である（男女混声グループというだけならAAAなどがいたが、AAAにしても「学園もの」がコンセプトではない）。

　ところがボカロ界隈では、複数のボーカロイドを使った楽曲を作ることはとくに珍しくない。HoneyWorksは曲（物語の内容）に合わせて男女両方のボーカロイドを使い分け、ときにはひとつの曲で男女混声でハモったりかけあいさせることで、学園もの少女マンガ的な世界観を音楽で表現し切っている。そしてそういう男女混声の曲を人気声優たちにカバーさせた音源なども発表しているし、ネット上の歌い手たちが自発的にカバーしたものも人気を博している。このような「男女混声での少女マンガ的世界観のポップミュージック化」は、需要があったにもかかわらずJ‐POPではほとんど達成されてこなかったことなのである。

さらにHoneyWorksは楽曲制作の従事者（プロデューサー、歌手）と小説制作の従事者（小説家）を分業することによって、途切れずコンスタントに楽曲と小説をリリースすることを可能にした。こうして下の世代が入れ替わりながらも10代を惹きつけ続けている。

2020年代の第二次ブーム

2010年代中盤の第一次ボカロ小説ブーム収束から約5年たち、ボカロP出身のn-bunaが結成したバンド・ヨルシカが2020年に発売したメジャー3rdアルバム『盗作』の初回限定盤にはn-buna執筆の中篇小説が収録されて話題を呼んだ。やはりボカロPでもあるAyaseがコンポーザーを務めるYOASOBIはソニーミュージックが運営する小説投稿サイトmonogatary発の作品を音楽化するプロジェクトとして始まったが、その原作小説を集めた短篇小説集『夜に駆ける』は初版3・5万部が即重版と新人作家たちの短篇集としては異例の売れ行きを見せた。さらにボカロPでシンガーソングライターのカンザキイオリが同年に発売した小説『あの夏が飽和する。』も6万部のヒットとなり、ボカロ小説の第二次ブームが始まった。

ところが『盗作』『夜に駆ける』『あの夏が飽和する。』の登場人物たちはいずれもキャラクター然としておらず、名前も描写も物語も一般文芸的だった。装丁にしても、ライトノベル風のキャラクターイラストを表紙にしたものではない。しかし、モチーフには第一次ブームと共通点があった。『盗作』には雑貨店から母が作ったガラス細工を盗んでは破壊する少年が出てくるし、『あの夏が飽和する。』では家庭内不和、虐待、自殺、殺人が描かれ、『夜に駆ける』収録の作品は、4編あるうちの1編は「夏祭り」ネタだが、ほかは「自殺」「世界の終わり」「出て行った同居人（恋人）」と、さわやかさとは縁遠いモチーフで書かれている。この過剰さ、過激さこそボカロ文化固有のコードだ。

そして2021年には『ベノム』『グッバイ宣言』『シェーマ』（いずれもラノベレーベルのMF文庫Jより刊行）など、こうした文芸系作品とはまた別に、かつてのボカロ小説同様に、キャラクター（と言っても初音ミクなどボーカロイド自体ではなく、楽曲のMVに登場するか小説版でのオリジナルキャラクター）小説ものが、再び10代に人気を博すようになった。そして2022年の学校読書調査では原作・監修 Chinozo、作・三月みどり『グッバイ宣言』と原作・監修かいりきベア、作・城崎『ベノム』が中学生男子上位に現れたのである。

ボカロ曲や歌い手の主戦場はニコ動から YouTube 上などに移って継続的に人気曲やスター（たとえば「うっせぇわ」でブレイクし、2022年には紅白歌合戦にも出場した歌い手のAdo）を輩出しており、ファン層の下の世代が入れ替わったことで小説もまた動くようになっている。

学校読書調査で人気のボカロ小説『グッバイ宣言』と『ベノム』は、どちらも周囲とうまくやれていない主人公が、巻き込まれるかたちで行動をともにする人間ができ、そのなかでまわりの人間との付き合い方を少しずつ変えていくというノベライズ内容になっている（楽曲自体には具体的にそういったストーリーは存在しない）。曲の人気だけでなく、やはり物語や設定が「思春期の自意識、反抗心、本音に訴える」ことに成功したのである。

小説版『ベノム』には、不満を抱える10代の女の子に不思議な現象が突然病のようにあらわれるという「求愛性少女症候群」という設定が登場する。これは学校読書調査でも時折浮上してくる鴨志田一によるる青春ものラノベ『青春ブタ野郎』シリーズの「思春期症候群」と似通った設定である。

さきほど言ったとおり、ラノベとボカロ小説では読者層は基本的に異なる。

にもかかわらず「10代に人気の作品」というくくりで見ると、同じような設定が見つけられる。

なぜなら趣味嗜好のセグメントの違いを超える、この年代共通のニーズの存在があるからだ。それを効率的に満たそうとすると、似た表象、似た「型」を用いることになるのである。

④一般文芸

この項では主にライトノベル以外の「一般文芸」の人気作品を見ていこう。

「一般文芸」という言葉は人によって指す内容が異なるが、ここでは純文学やエンタメ小説（SFやミステリーなどのジャンル小説も含む）を指す。ラノベやライト文芸、ウェブ小説、子ども向けの小説などは基本的に含まない――と言いたいところだが、中高生に人気のある作品では一般文芸とこれらの境界線上にあるものがどうしても入ってくることは、先に断っておかねばならない。

「三大ニーズを満たす四つの型」という中高生に人気の基本パターンにあてはまる一般文芸作品についてはすでに解説した。ここではこの型で説明できるものに加えて、これまで触れていないもの、四つの型そのものではないが似ているものなどについても扱っていきたい。

全国学校図書館協議会が毎年実施している学校読書調査は、２０１９年までは「シリーズ作品であっても1巻ずつ別々にカウントする」という集計方法だったが、２０２１年から「シリーズはひとまとめに合算する」方法に変更した。この影響もあって、２０２０年代に入ると人気シリーズの多いミステリー／探偵もの（謎解きメインではない、広義のミステリーを含む）が、従来以上に上位に目立つようになった。

中高生が「読んだ本」上位作品を列挙してみよう。なお、以下は「ミステリー」というジャンルで分けたものであり、一般文芸、ライト文芸、ライトノベルなどの「出版カテゴリー」では分けていない（いずれの作品も含む）。

湊かなえ『告白』、東野圭吾『ラプラスの魔女』シリーズ、『マスカレード』シリーズ、『ガリレオ』シリーズ、『加賀恭一郎』シリーズ、二語十『探偵はもう、死んでいる』、西尾維新『美少年探偵団』、辻村深月『かがみの孤城』、東川篤哉《ひがしがわとくや》『謎解きはディナーのあとで』、志駕晃《しがあきら》『スマホを落としただけなのに』、相沢沙呼《さこ》『小説の神様』、知念実希人『仮面病棟』『崩れる脳を抱きしめて』『天久鷹央《あめくたかお》』シリーズ、日向夏『薬屋のひとりごと』、コナン・ドイル『シャーロック・ホームズ』シリーズ、はやみねかおる『都会のトム＆ソーヤ』、米澤穂信《よねざわほのぶ》『古典部』シリーズ、夢野久作『ドグラ・マグラ』、河野裕《こうのゆたか》『階段島』シリーズ、江戸川乱歩（乱歩作品は学校読書調査上では慣例的に「江戸川乱歩シリーズ」とひとくりにまとめられているため、個別タイトルは不明）がある。

むろん、ライトノベルならなんでも人気になるわけではないのと同様に、ミステリーならなんでもいいわけではない。また、中高生は「謎解き」自体が好きというわけではおそらくない。だがミステリーが10代の三大ニーズを満たしやすい器であることも間違いない。

ひねくれ高校生男子が支持する『古典部』

ライトノベルと一般文芸の境界線上にある、学校読書調査で人気上位の作品の典型が、米澤穂信による学園ミステリー『古典部』シリーズである。

この作品は著者のサイト上に第1作『氷菓』の習作版の短篇小説が書かれ、「楽園」というウェブ小説登録サイト上で好評を得た。これを改稿・長篇化して角川学園小説大賞ヤングミステリー&ホラー部門に投稿した作品が奨励賞を受賞。ライトノベルレーベルの角川スニーカー文庫内に新設されたミステリーレーベル、スニーカー・ミステリ倶楽部から『氷菓』が２００１年に刊行された。以降、続刊を重ねていき、同シリーズは２０１２年に京都アニメーション制作でＴＶアニメ化された。このアニメが大変な好評を博したことで、この年に3番めに売れたライトノベルになったという。

同作は学校読書調査では２０１２年に初めて高校生男子の読んだ本上位に入り、以降、

2015年、2018年（なお2017年11月に実写映画が公開）、2021年、2022年にやはり高2か高3男子にて読んだ本の上位に名前を連ねている。映像化されるまで10年以上にわたって姿を見せなかったが、以降は定番化しているという、珍しい作品である。

　また、ラノベでは「ミステリーは売れない」のが相場とされているなか、数少ない成功例でもある。とはいえ『氷菓』の元レーベルであるスニーカー・ミステリ倶楽部は始まって数年で撤退し、2005年以降、『古典部』は角川文庫から出し直されている。アニメ化時にはキャラクターのイラストが描かれたカバーが巻かれていたが、現在はイラストのないカバーに戻っており、今の高校生が同作をラノベと思うか一般文芸と思うのかは、微妙なところだ。

　しかし『古典部』がラノベか一般文芸か、あるいはラノベでミステリーは売れるのか、売れないのか、という軸で議論しても不毛だろう。

米澤穂信『氷菓』（角川文庫）

　2016年の学校読書調査では、ラノベを読むかどうかを小中高生に尋ねている（図16参照）。高校生男子では「よく読む」13・9%、「たまに読む」17・6%で合計31・5%が「ラノベを読む層」だと言える。

ここまで何度も触れてきたとおり高校生の不読率

図16　ライトノベルの読書率についての調査

		よく読む	たまに読む	ほとんど読まない	まったく読まない	不明
小学生	男子	14.5%	27.1%	15.7%	40.8%	1.9%
	女子	26.9%	31.3%	14.1%	25.6%	2.0%
中学生	男子	16.4%	21.7%	18.7%	40.8%	2.3%
	女子	21.8%	28.5%	18.7%	27.5%	3.5%
高校生	男子	13.9%	17.6%	17.7%	48.4%	2.4%
	女子	6.3%	21.3%	25.3%	43.9%	3.2%

『2017年版読書世論調査　第70回読書世論調査　第62回学校読書調査』（毎日新聞社、2017年）p.124をもとに作成

は50％前後だから、本を読む層は残り半分。つまり読書する層のうちの6割がラノベを読むと言える。

そう考えると少なくない割合だが、ラノベを「よく読む」層に限ると、不読者も入れた全体の2割もいないのである。つまり男子のなかで6、7人にひとりだ（女子でラノベを「よく読む」と答えたのは全体の6・3％しかいない）。

先に「10代のラノベ読みのなかではラブコメは人気ジャンルだが、学校読書調査ではほぼ入ってこない」と書いた。約14％のラノベを「よく読む」人たちが読むだけでは、高校生全体で見たときの人気作品にはなりえない。ラノベを「よく読む」層も読み、かつ「たまに読む」「ほとんど読まない」層にも届くものになってようやく高校生の「読んだ本」上位作品になる。そしてそのためには、ラノベを「よく読む」層だけが支持する内容ではなく、高校生全体で見たときに支持されやすい特徴をもっている必要がある。

では具体的に『古典部』とはどんな作品で、学校読書調査

上のほかの人気作品と比べてどう同じで、どう違うのか。

このシリーズでは、思春期らしい自意識が描かれ、終盤にどんでん返しがあり、登場人物たちが真情を爆発させる。典型的な「自意識＋どんでん返し＋真情爆発」である。

『古典部』主人公の高校生・折木奉太郎《おれきほうたろう》は、推理能力に長けているが、面倒くさがりで、友人の福部智志を除いては、基本的に周囲の人間と距離を置いている。斜に構えた人間であり、本を好む高校生男子が自らを重ね合わせやすい造形だ。その折木が学園内で巻き込まれたり、依頼されたりして直面する事件の多くは、「日常の謎」と呼ばれる、人が死なない謎である。ただそこに思春期らしい、高校生たちの他人にはなかなか言えない心の叫びが絡んでくる。描かれるのは、高校生たちが日々遭遇するクラス内や部活内の摩擦、周囲と比べて自分の才能のなさに打ちひしがれる姿、親や地域の大人との関係から感じる窮屈さや遠慮などだ。三大ニーズに沿って整理してみよう。

1　正負両方に感情を揺さぶる

『古典部』では、折木たちが入部する古典部の面々の会話のやりとりは軽妙であり、推理が解けたときの爽快感がある。一方で今言ったとおり青春の蹉跌《さてつ》、苦みも描いており、感情の振れ幅は十分にある。

2 思春期の自意識、反抗心、本音に訴える

今見てきたように、この作品は「自意識＋どんでん返し＋真情爆発」タイプに属する。ただし『古典部』の主人公は、自分の内面を他者に向かって思い切り吐き出すことがない。秘めた本心を吐露するのは大抵ほかの人物である。また、人が死なないこともあり、感情の昂りの描写は控えめだ。くわえて、恋愛描写も奥ゆかしい。

3 読む前から得られる感情がわかり、読みやすい

中高生に人気の作品に共通する特徴としては「読む前から得られる感情がわかり、読みやすい」という要素もあるが、このシリーズの『氷菓』や『愚者のエンドロール』といった各巻のタイトルは、どんな話なのかが読む前から想像しやすいとは言えない。『古典部』は2012年にTVアニメ化されて以降、高校生によく読まれるようになったが、映像化されて初めて「何を受け手に訴求している作品なのか」が広く伝わったのだろう。

比較すると、中高生女子の人気上位に（も）食い込む、「余命もの」や住野よる作品のほうが『古典部』よりもわかりやすく、感情の振幅も激しい。また、中学生によく読まれている作品と比べると、若干もってまわった言い回しが用いられている。こういったあたりが、『古典部』が「男子」の「高校生」から（限定的に）とくに支持されている理由だろう。

しばしば出版業界や図書館業界では「中高生男子」とひとくくりにしてしまうが、中学1、2年に好まれる『星のカービィ』と、高校2、3年が好む『古典部』では読者の精神年齢が異なり、作品内容が大きく異なる点にも注意を払っておきたい。

「四つの型」に合致する知念実希人

中高生に「作家読み」されていると言える数少ないミステリー作家のひとり・知念実希人を例に、引き続き10代における「ミステリー人気」が意味するものについて考えてみよう。たとえば知念作品は2021年調査では『仮面病棟』『崩れる脳を抱きしめて』『天久鷹央』シリーズ、2022年調査では『天久鷹央』『硝子の塔の殺人』が高校生女子にてランクインしている。

まず『仮面病棟』(実業之日本社)。強盗犯が病院に立てこもり、閉じ込められた医師と患者が脱出を試みながら、犯人の意図や病院の秘密を探っていく内容だ。これは「閉鎖空間からの脱出」をかけた、一種の「デスゲーム、サバイバル、脱出ゲーム」ものである。

次に『崩れる脳を抱きしめて』(同)は、脳の病気を患う富豪と金銭欲の強い担当医とのラブストーリーだ。これはTikTok売れしたライト文芸によく見られる「男女どちらかが死ぬことが物語開始時点から確定している悲恋もの」――「余命もの(死亡確定ロマンス）」と共通する特徴をもつ。
『天久鷹央』シリーズ（新潮社）は、病院内で起こる事件や診断が困難な病気の謎を解明する、童顔で高飛車な主人公医師・天久と、ワトソン役で身体的には屈強な男性だがいじられ役の同僚・小鳥遊《たかなし》のコンビによる医療ミステリーである。実年齢も27歳と医者としては圧倒的に若いが、見た目は女子高校生さながらの天久は、病院経営をビジネスとして捉える父親と対立する一方で、ほかの大人たちが手を付けられない事件も解決していく。「子どもが大人に勝つ」である。

知念実希人『天久鷹央の推理カルテ』（新潮文庫 nex）

　また、天久は毒舌で空気を読まず年輩者とすぐトラブルを起こし、小鳥遊は惚れっぽいがモテないといった「お約束」があるが、1冊につき1事件は天久の弱さや小鳥遊の天久に対する信頼が垣間見えるシリアスなエピソードがあり、ときには患者との悲痛な死別が描かれる。この小説は小鳥遊視点から基本的に描かれるから、思春期めいた過剰な自意識はないものの、どんでん返しと真情爆発はある（「自意識＋どんでん返し＋真情爆発」に近い）。『硝子の塔の殺人』は1987年の綾辻行人《あやつじゆきと》『十角館の殺人』に始まる新本格ミステリームーブメントへのオマージュに満ちた「館もの」の連続殺人事件を描いていく。手足・のど・舌の筋肉や呼吸に必要な筋肉がだんだんやせて日常生活が不自由になっていく病気であるALS（筋萎縮性側索硬化症）の特効薬の特許をもつ大富豪が安価な市販化を渋ったために、ALS患者である妹が死に瀕している医者（主人公）が、富豪を毒殺。館に来ていた名探偵が真相を解くことに主人公は表向き協力しつつ、ほかの誰かの手によって次々に起こる殺人に乗じて、他人に富豪殺害の罪をなすりつけるタイミングを虎視眈々と狙う、という物語だ。主人公をやむにやまれぬ事情を抱える殺人犯に設定した「脱出ゲーム」の変奏であり、終盤は『天久鷹央』シリーズ同様に、どんでん返しに加えて探偵役の悲痛な過去が描かれ、感極まる展開をくり広げる（真情爆発）。

知念作品のなかでも一貫して人気なのは『天久鷹央』シリーズだが、この結果は示唆深い。学校読書調査では、中学3年生になると、人気作品の並びから児童文庫がほぼ消える。しかし『天久』人気からうかがえるのは、中学生が児童文庫を読まなくなるのは、そのパッケージや登場人物、文章がいかにも幼く感じられるようになるからであって、「大人に対する反発心があり、子ども・若者が大人を打ち負かす展開を求める」のは小学校高学年であれ高校生であれ、本質的には変わらない、ということではないか。『天久』は高校生の感覚にフィットする装丁や文体の「子どもが大人に勝つ」を提供した。それに加えて各巻終盤では切ない真情爆発を描く点が支持の理由だろう。

10代は東野圭吾をどう受容しているか

山田悠介について書いた場所で触れたが、東野圭吾は爆発的な支持とまではいかないものの、長年にわたって高校生から一定の支持が続いている。2021年調査では『ラプラスの魔女』『マスカレード』『加賀恭一郎』『ガリレオ』の4シリーズ、2022年調査では『マスカレード』『ガリレオ』の2シリーズが高校生にてランクインした。

東野圭吾は高校生に限らず大人まで、ほとんどあらゆる年代に人気だが、ここまで述べてきたことを踏まえると、高校生からはどのような部分が支持されていると考えられるか。

東野作品はデスゲームでも余命ものでも死者との再会ものでもないし、思春期特有の自意識に訴えかける要素も薄く、子ども・若者が大人に勝つ話でもない。一見すると、これまでの論と東野作品の設定は合致しないように思えるかもしれない。

しかしこれらの「型」は、あくまで中高生に見られるニーズを効率よく満たすためのハコにすぎない。別のかたち、別のやり方で満たせるのであれば、それでもかまわないわけだ。どのようなものなのか。

1 正負両方に感情を揺さぶる

中高生は謎解き自体よりも、殺人や死という重大で取り返しのつかない行為／現象を通じて登場人物たちの悲哀を爆発させる場面を好む。『加賀恭一郎』や『ガリレオ』シリーズでは、作品終盤に犯人サイドの過去から犯行に至るまでの人生の悲哀が語り起こされ、誰か（多くは家族）をかばい、罪をかぶる、または罪を隠す、という自己犠牲が描かれ、読者を泣かせにかかる。このどんでん返しを伴ったエモさ、悲痛さは『桜のような僕の恋人』のような「死亡確定ロマンス」や、「死者との再会・交流」ものである『西由比ヶ浜駅の神様』や『ツナグ』などに通じるものがある。つまり死や人生がかかった設定のもと、想い人や家族に強い想いを吐露する／托す物語として高校生には受容されていると考えられる。

そういうものなら別にミステリーでなくても描ける、と思うかもしれない。しかし、ミステリーの形式を使ったほうが、中高生が求める「正負両方に感情を揺さぶる」というニーズを満たしやすい部分がある。

2 思春期の自意識、反抗心、本音に訴える

東野作品では「自意識」はフォーカスされない。ただ、殺人犯にも深い事情があり、世のなかの善悪は簡単に割り切れるものではないと描く点は「小学生的なきれいごとの道徳の世界」からは逸脱している。なにより、クライマックスでの切実な本音、真情の吐露の

場面には、住野よる作品に通じる怒濤の畳みかけと昂りがある。

3 読む前から得られる感情がわかり、読みやすい

東野作品はコンスタントに映像化されており、たいていの場合「泣ける」展開を予感させるトーンで予告編がTVで流れるため、「東野圭吾＝切ない」という印象が形成されていると考えられる。

そして東野の文章は、非常に読みやすい。すでに山田悠介のところで指摘したが、小中高生によく読まれる小説は、出来事と会話が中心で進み、描写や比喩が少ない。東野の文体もこれだ。

しかも、ミステリーの演出方法もわかりやすい。物語全体を貫く大きな謎が序盤に提示されたあとは、小さい謎が示され、その謎が解けるとまた次の小さい謎が現れるというサイクルをくりかえしていく。だから読者が「今は何に関心を向ければいいのか」について迷わないようにできている。連続殺人を描くようなミステリーは、たくさんの人物が登場し、複数の謎を追いかけていくため、スキマ時間に細切れで読んだり、朝読で1回10分で断続的に読んだりすると、ストーリーがどこに向かっているのかを読者が見失うことがあるが、東野作品は極力そうならないよう注意が払われている。

東野作品は中高生の読者のニーズをも満たしている。そして「どの要素が中高生に人気なのか」を分析していくと、見えてくるものがある。たとえば東野圭吾と住野よるは、一般的には「同じジャンルの作家」とはみなされていない。東野圭吾はミステリーの作家と思われている。一方で住野よるは叙述トリックをよく使うものの、ミステリー作家ではなく若者の青春を描く作家と思われているだろう。だが、物語後半での悲哀に満ちた真情の奔流と、それを最大限効果的に演出するためにしかけを張り巡らせる手法には、両者に相通じるものがある。高校生たちは、出版業界でよく用いられているジャンルやカテゴリー区分とは異なる「分け方」で、ある作品とまた別の作品に似た匂いを感じて手に取り、読んでいるのだ。

本屋大賞受賞作がつかむ中高生のツボ

ミステリージャンル以外の作品も見ていこう。出版界にはさまざまな文学賞があるが、これらの受賞作は、中高生が読んだ本として学校読書調査上であがっているのか。

もっとも著名と言える芥川賞や直木賞の受賞作は、学校読書調査では名前がほとんどあがらない。ということは、やはり中高生たちは、文壇の価値基準とはまったく異なる判断軸で本を選んでいると考えざるをえない。10代の三大ニーズは、

1 正負両方に感情を揺さぶる
2 思春期の自意識、反抗心、本音に訴える
3 読む前から得られる感情がわかり、読みやすい
だが、文壇では3は好ましいものとされないことが多い。たとえば見るからに泣かせにかかっている「余命もの」などは「通俗的」と評価されて賞レースの俎上《そじょう》にのらない。語彙力が発達していない小中学生でも理解できる簡潔な文章よりも、知的に見える表現が用いられているほうが評価されやすい。だから芥川賞・直木賞受賞作には、三大ニーズすべてを満たす作品が少なくなる。

もっとも、例外がないわけではない。近年では宇佐見りんの芥川賞受賞作『推し、燃ゆ』がそうだ。同作は2021年、2022年と続けてランクインした。『推し、燃ゆ』は、「推し」（好きな対象）であるアイドルの「炎上」（SNSや世論が荒れること）に遭遇した主人公の高校生の話で、学校や家庭でうまくいっていない自分と、アイドルとして正統派ではない推しの姿を重ね合わせながら、日々の感情のアップダウンを描いている。アイドルを描いた小説やアイドルが書いた小説は数あれど、頭ひとつ抜けて読まれているのはこの作品が「アイドルものだから」ではない。もちろん、読者にとって身近な題材であることはプラスに作用してはいる。だがそれよりも、思春期の人間が普段抱えているモヤモ

ヤや、言いたくても言えない本音がダダ漏れしており、推しに振り回されて感情がぐちゃぐちゃになるさまが描かれているからだ。四つの型にあてはまるものではないが、きっちり三大ニーズを満たしている。

芥川賞・直木賞とは対照的に、本屋大賞と中高生（とくに高校生）の相性はいい。

芥川賞・直木賞は、作家が審査員になって選ぶ賞であるのに対して、本屋大賞は全国の書店員が投票期間内に発売された新刊のなかから「いちばん売りたい本」を投票して決める。作家（送り手）視点ではなく、販売者（売り手）兼読者（読み手）の視点で決まる。書店員と中高生の感覚はそう遠くないということだろう。

本屋大賞の1位作品は、学校読書調査を見る限り、その年のみならず、その後数年にわたって主に中高生に読まれることが多い。たとえば2022年調査では、中学3年男女で瀬尾まいこ『そして、バトンは渡された』（2019年1位）、中3女子で辻村深月『かがみの孤城』（2018年1位）が入った。高校生になると逢坂冬馬《あいさかとうま》『同志少女よ、敵を撃て』（2022年1位）、町田そのこ『52ヘルツのクジラたち』（2021年1位）、凪良《なぎら》ゆう『流浪の月』（2020年1位）が入っている。

2021年調査では高2男子に恩田陸『蜜蜂と遠雷』（2017年1位）、高1女子に『そして、バトンは渡された』、中2・中3・高1・高3女子に『かがみの孤城』、高3女子に

『52ヘルツのクジラたち』、2019年調査では高1男子に『かがみの孤城』、中3・高2女子に『蜜蜂と遠雷』、中3女子・高3女子に『そして、バトンは渡された』、高2女子に宮下奈都『羊と鋼の森』（2016年1位）が入っている。どうも受賞から4、5年たつと基本的には入れ替わっていくようだ。

本屋大賞の受賞作の特徴は何か。この賞では、苛烈な環境、ないし定型的ではない家族関係・人間関係に置かれた子ども・若者の成長過程を描き、終盤に切ない激情が爆発する（「エモい」）タイトルが獲りやすい傾向にある。

たとえば瀬尾まいこの『そして、バトンは渡された』は、幼少期に実母と死別した主人公の少女が、小学生のころから結婚するまでを描く。主人公の実父は、梨花という女性と再婚し、ブラジルに移住しようと妻子に提案するも、主人公が日本に残りたがったため、ひとりで行くことになる。主人公は梨花に引き取られるのだが、梨花はさらに別の男性ふたりと順番にくっついては別れることをくりかえす。そのたび主人公は、梨花の恋人である見知らぬ男性を新たな「父親」とし、男が用意した住居にて共同生活することになる。そして3人めの父親となる森宮と結婚すると、梨花もいなくなってしまう。梨花に振り回され、彼女に感謝しつつも複雑な感情を抱いている主人公だが、終盤に梨花の真意と背景が明かされ、読者の涙を誘う。

辻村深月の『かがみの孤城』は不登校の少年少女たちが鏡の向こうに存在する謎の城に招かれ、ともに過ごし、謎に挑むなかで互いの傷や悩みを知り、外の世界に出るきっかけを得るという物語だ。『かがみの孤城』には、学校にも家庭にも居場所がない中学生7人が平日日中から絶海の孤城に集まり、学校に行かずにみんなでゲームをしたりお茶をしたり、ひとりで自由な時間を過ごすという非日常の楽しさがある。もう一方で、それぞれが学校に行かなくなったり、なじめなかったりした理由、家族との行き違いや不和などの傷付いた過去の開示によって鑑賞者の共感と涙を誘う面もある（「正負両方に感情を揺さぶる」）。また、この作品に出てくる中学生たちの話は、実際にありそう、起こりそうなものが少なくない。つい見栄を張って友だちにウソを言ってしまったがバレていて揶揄《やゆ》されるようになった、習い事で才能を認められて必死で練習したがトップにはなれずに挫折感を味わっている、体型やつけ込まれやすい性格からどこに行っても「バカにしていい人」扱いされてしまう、親元を離れて知り合いがひとりもいない土地で学校に通うことになって友だちも作れずに孤独を味わっている……等々。そしてこういう悩みや苦しみ、過誤をなかなか他人に話せずにいる。そこが鑑賞者の共感ポイントだろう（「思春期の自意識、反抗心、本音に訴える」）。『かがみの孤城』は「自意識＋どんでん返し＋真情爆発」であるだけでなく、「死者との再会・交流」ものでもある。『かがみの孤城』がなぜ死者との再会・交流ものと言えるのかを語ると結末を明かすことになるから詳しくは書かないが、思春期の不安や居場所のなさだけでなく、亡き家族との触れ合いを描いていることが、作品終盤の感情的な昂りを一層強めている。

町田そのこの『52ヘルツのクジラたち』は、東京から大分の田舎にある亡き祖母の持ち家に引っ越してきた社会人の女性が主人公で、彼女はうまく言葉の話せない少年を母親からの虐待から守るために共同生活を始める。主人公は「ワケあり」で、その経験と過去の後悔からくる贖罪《しょくざい》の気持ちがあるからこそ、傷ついた少年に手を差し伸べる。描かれるのは、親からの虐待、心の傷を原因とした失語、妾だった祖母、ALSになった養父の介護、浮気されてもなお続けている愛人関係、束縛とDV、自殺と刃傷、誘拐犯扱い、縁もゆかりもない未成年を引き取ることの難しさ……等々であり、それらからのシェルターとなるのが、恋人でも親友でも家族でもないが特別な信頼のある人間関係である。

本屋大賞1位のこれらの作品で描かれている関係性は「家族」や「恋人」のようにわかりやすいものではない。テーマも「家族の絆」「友情」「恋愛感情」などとひとことで片付けられるものでもない。デスゲームや余命ものほどシンプルな設定ではなく、そういう意味では「読む前からわかる」話ではない。

だが、物語のなかでは難しい環境に置かれた子ども・若者が中心人物となり、悩み、傷つき、しかし最後にはカタルシスが得られる――「自意識＋どんでん返し＋真情爆発」型の作品が少なくない。本屋大賞受賞作品は「親にも友だちにも言えない悩みを抱えた子ども・若者が登場する」「ラストは感動」という点が共通することが多く、1、2作読んだことがある人間にとっては、同様の種類の感動が期待できると「読む前からわかる」のである。

全国書店員が狙って毎年こういうタイプの作品に投票し、1位にしているわけではないだろう。しかも書店員の多くは社会人であって、10代が投票したわけでもない。にもかかわらず、見事に例年中高生の支持も集めているのは興味深い。『このミステリーがすごい！』をはじめとする各種ミステリーランキングなど、作家や書評家などによる投票形式のアワードは数あれど、それらのトップ作品が学校読書調査での上位に見られるかといえばまったくそうではない。本屋大賞以外は、大人が投票して決めた賞・ランキングと中高生の読書傾向とは嚙み合っていない。

⑤短篇集

朝の読書での「1回10分でキリのいいところまで読み切りたい」という需要とあいまって、短篇集が小中高問わず人気になっている。これらの作品群を「一般文芸」と呼ぶのもやや違う気がするため、節を分けた。

たとえば2022年の学校読書調査では、中学生で『5分後に意外な結末』『5秒後に意外な結末』『5分後に恋の結末』『5分シリーズ（エブリスタ）』『怪談5分間の恐怖』『ラストで君は「まさか！」と言う』『54字の物語』が入っている。高校生では「小説家になろう」発の村崎羯諦《ぎゃてい》『余命3000文字』と『△が降る街』が入り、さらに2022年には中高生男女で星新一人気が復活した（2021年までは短篇集人気のなかでも星新一が再び読まれる傾向は見られなかった）。

この短篇集人気には、明確に火付け役がいる。ここではそのオリジンがなぜ中高生の支持を集めたのかを見てみよう。

『5分後』シリーズが切り開いた新たな市場

2013年に刊行を開始した学研プラスのショートショート・シリーズ『5分後に意外な結末』は、初版4500部でスタートしたが、今やシリーズ累計350万部超。2017年に中1男女で学校読書調査上に顔を出したことを皮切りに、小学生や高校生の上位にも入るようになった。そしてかつては「短篇集やアンソロジーはなかなか売れない」と言われていた出版業界の常識を覆し、「〇分で××」というタイトルのフォロワーを無数に生んでショートショート人気の復活の立役者となったのである。

『5分後に意外な結末』は巻ごとにコンセプトがあり、中身はその都度異なるが、基本的には日本や世界の古典や小話、都市伝説を翻案したり、新作を書き下ろしたりしたショートショートのアンソロジー（または連作短篇集）だ。

このシリーズの編集者・目黒哲也は一般書の『マナーとコツ』（シリーズ累計160万部）、小学生向けの『最強王図鑑』（同325万部）、学習参考書の『マドンナ古文』など、ジャンルや年齢を問わず多くのヒット作をもつ編集者である。

小学校高学年から中学生の男子をターゲットにした本が児童書／YAにほとんどなくなっていたことから、目黒はこのシリーズを企画した。2010年代に入るまで、児童書の世界では、小学校中学年以上の男子は「何を読むのかわからない」「あれこれ企画してもなかなか読んでくれない」という一種の「空白地帯」となっており、女子も小学校高学年以上は「児童書コーナーでは本を買わない」と考えられていた（だから2020年代の中学生が当たり前に児童文庫を読むようになったのは、劇的な変化なのである）。刊行してみると『5分後』は女子中学生か

桃戸ハル編著『5分後に意外な結末　赤い悪夢』（学研）

ら火が付き、男子読者に広がり、次いで小学生にも降りていき、上の年齢である高校生にも読まれるようになっていった。

思春期に届けるものにするべく、ビジュアル面でも中身の上でも、子どもっぽすぎることを避け、同時に大人向けの本にありがちなとっつきにくさや堅苦しさを取り払うことに目黒は注意して編集した。

児童書は、並製（ソフトカバー）と上製（ハードカバー）ではっきり客層が分かれる。並製はエンタメ寄りの軽いイメージであり、上製は読書感想文用など少し堅い雰囲気の「児童文学」という印象になる。『5分後』は、表紙の周囲を内側に折りたたむ製本方法である「仮フランス装」を使って並製と上製の間の「上製だが並製のようにも見える」ところを狙った。

本文の書体には明朝ではなくゴシックを採用し、軽い印象を与えつつも読みやすいフォントを選んでいる。

朝読で読まれるための工夫は、本を読み慣れていない子どもは10分も集中力がもたないから5分で終わる長さにしたことだけではない。このシリーズは、カバーを外しても、本の本体の表紙と裏表紙にカバーと同じイラストが描いてある。本が図書館に置かれるときにはカバーが外されることが多いが、本体にも絵が描いてあればカバーを外してもどの本かすぐわかる。これによって読者が図書館で表紙に描かれたイラストを見て「おもしろそう」と思って手に取ることを狙っている。

小説の中身も、数分で読み終わる長さの作品を並べているだけではない。多様な作品を収録したアンソロジーでありながらも、1冊を通して文章のリズムを整え、読後感に〝落差〟（これは当たり、これはハズレといったクオリティや読み味の大きすぎるギャップ）がないよう気を配る。本が苦手な人も含めてなるべく多くの読者に楽しんでもらえるよう、語順や接続詞の使い方、句読点の置き方に至るまで、徹底して注意を払っている。また、このシリーズには著作権が切れた作品の翻案も入っているが、小説を読み慣れておらず、歴史に関する前提知識がない読者が「よくわからない」と投げてしまうような表現を避けている。たとえば太宰治の「葉桜と魔笛」という作品を再録する際には「バルチック艦隊が云々」といった固有名詞の使用を避けている。また、外国の作品であれば当然日本人の子どもには馴染みのない土地が舞台になるが、その場所がイメージしづらいと読むのがイヤになってしまうため、場面を変えたりしている。

ここまでで周到に企画された作品だということは理解いただけたと思うが、改めて10代の三大ニーズに照らし合わせて『5分後』人気の理由を整理してみよう。

1 正負両方に感情を揺さぶる

筆者によるインタビューのなかで、目黒は同短篇集について、シリアス一辺倒になったり説教くさくならないよう、笑える箇所を入れたり挿絵で中和するなど、なるべくひと息つける部分を入れるようにしていると語っている（「累計190万部突破、隠れたベストセラー『5分後シリーズ』の秘密」、「現代ビジネス」）。

2 思春期の自意識、反抗心、本音に訴える

目黒は小中学生のころに星新一のショートショートや多湖輝《たごあきら》の『頭の体操』、早川書房から刊行されていた『異色作家短篇集』『ブラック・ユーモア選集』『ユーモアスケッチ傑作展』の愛読者だったという。星新一作品や『異色作家短篇集』などは、ただの「よくできた短いお話」ではない。社会や人間に対する毒や皮肉が含まれている。そういうものをお手本にしつつ、今の子どもにもわかるように読みやすく作ったのが『5分後』なのである。

また、物語のなかでも、イヤな登場人物が別のところでは不愉快な目にあったり、逆にうまくいきすぎにならないよう、自虐や卑屈っぽい部分を出して少し下げたりして、幅広い読者が嫌悪感を抱かず、気おくれもせずに読めるようバランスを取っている。子どもも何かと競争を強いられ、不安に駆られがちな今の時代に、誰でも安心して入っていけるアジール（自由領域）としての本を作っているのだ。

3 読む前から得られる感情がわかり、読みやすい

このシリーズでは、『5分後に意外な結末』『5分後に思わず涙。』『5分後に恋の結末』など読後感がタイトルからして明確に設定されている。かつ、一編が短く文章が読みやすい。

1960年代に、児童文学界では抄訳・再話排斥の声が高まったことがある。大人向けの名著を子ども向けに翻案・改作した世界名作全集の類いは、「原作を損ねる悪」と批判され、姿を消していった。しかし現在、児童文庫などでは抄訳・翻案の復活が見られる。目黒の仕事もまた「名作・名企画をアレンジして今の読者に届ける」という試みを、最良のかたちで継承したものといえるだろう。

『5分後』が切り開いた朝読向け短篇集市場は2010年代後半以降に爆発的な広がりを見せ、児童文庫、「ジャンプ」のノベライズと並び、かつてラノベがいた位置を食って学校読書調査上の常連になったのである。

⑥ノンフィクション

学校読書調査では、小説以外の本が上位に入る割合は少ない。

当たり前に思う人もいるかもしれない。しかし、トーハン、日販が毎年発表している年間ベストセラーを見ると、小説の割合のほうが少ないのである。たとえばトーハンの売上トップ10を見ると2019年にランクインした小説は『そして、バトンは渡された』のみ、2020年には『鬼滅の刃』のノベライズと『流浪の月』の2点、2021年には『推し、燃ゆ』『52ヘルツのクジラたち』『呪術廻戦　逝く夏と還る秋・夜明けのいばら道』の3冊、2022年には『同志少女よ、敵を撃て』1冊だけだった。

小中高生の読書は、大人と比べて物語／小説に偏重している。

また、10代向けのノンフィクションでは小説と比べて中長期にわたって読まれ続けている本が非常に少ない。『空想科学読本』と『ざんねんないきもの事典』くらいなのだ。小説よりもその年の流行りや世相が反映されやすいものになっている。

たとえばどんなものがあるのか。ランクインした本を見ていこう。

2018年は中1男子で『ざんねんないきもの事典』、中2女子で『学年ビリのギャルが1年で偏差値を40上げて慶應大学に現役合格した話』(『ビリギャル』)、中3男子で『三国志』『A型自分の説明書』『空想科学読本』、高1・高3女子で『がんばる理由が、君ならいい』が入った。

2019年は中1男子で『空想科学読本』『ざんねんないきもの事典』、中2男子で『三国志』『日本の歴史』、中2女子で『ディズニー　ありがとうの神様が教えてくれたこと』、中3男子で『日本の歴史』『レモンをお金にかえる法』、高2男子で『超効率勉強法』、高2女子で『ウチら棺桶まで永遠のランウェイ』、高3女子で『ビリギャル』が入った。

2021年は中1～2・高1男子で『空想科学読本』、中1男子で『ざんねんないきもの事典』、中2男子で『「のび太」という生きかた』『日本の歴史』『ハローキティの〝ニーチェ〟』『ぼのぼの名言集』、中2女子で『死にたいけどトッポッキは食べたい』、中3女子で『嫌われる勇気』、中3男子で『シートン』、高1・高3男子で『スマホ脳』、高1女子で『死にたいけどトッポッキは食べたい』、高2～3女子で『私は私のままで生きることにした』が入った。

2022年は中1～中2男子で『ざんねんないきもの事典』、中1～高1男子で『空想科学読本』、中3・高3男子で『1％の努力』、高1～高3男子と中1～高1・高3女子で『聖域』、高2男子で『スマホ脳』、高2～高3女子で『20代で得た知見』、高2女子で『私は私のままで生きることにした』、高3男子で『深夜特急』が入った。

こうした結果から、何か見える傾向はあるのか。整理してみよう。

『空想科学読本』――知識の活用×サブカルチャー

ひとつは「勉強×エンタメ」だ。小学生に韓国発の『科学漫画サバイバル』シリーズが人気なように、『日本の歴史』『三国志』は学習マンガの定番だし、『ビリギャル』やメンタリスト DaiGo による『超効率勉強法』はカジュアルに書かれた受験ノウハウものだ。『ざんねんないきもの事典』は生物、進化に関する知識を得られつつ、笑えたり、人生訓を得られたりするものでもある。『空想科学読本』は科学知識をもとにマンガやアニメ、ゲームといったサブカルチャーを考察するものだ。

ここでは突出して人気のある『空想科学読本』が若年層人気を博すようになっていった過程とその理由について紹介したい。

1996年に始まった『空想科学読本』は、2013年から角川つばさ文庫で『ジュニア空想科学読本』(『ジュニ空』)も刊行するようになり、後者だけでシリーズ累計100万部を突破している。『名探偵コナン』で工藤新一は薬の力で子どもになってしまうが、もし本当にそうなったとしたら40kg分の細胞が死に、コナンの横には老廃物がてんこ盛りになっているはずだ――このようにマンガやアニメ、特撮を科学的に考察・検証する『空想科学読本』(以下、「親本」)は、当初は主に『ウルトラマン』『仮面ライダー』のリアルタイム世代向けだったが、シリーズを重ねるうちに読者の年齢が下がっていった。

早くも１９９８年の学校読書調査の時点で、中学生読者が多いことが確認されている。つまり四半世紀にわたって10代から支持があるシリーズなのである。当時はこう評されていた。


かつて科学は「分からない」「おもしろくない」「地味な」話題の典型であったように思われるが、現在では、科学は「おもしろい」「新鮮な」「スリリングな」ものと受け止められているようで、この種の本がよく読まれるようになっている。

（「学校図書館」１９９８年11月号、全国学校図書館協議会）


シリーズが進むほどに、著者に対して中高生から「もっと新しい作品を取り上げてほしい」との声が届くようになり、２００７年には高校生向けのＦＡＸ新聞『空想科学図書館通信』をスタート。これを利用して親本の５巻以降、若い読者からの質問・疑問に答えるスタイルに変わっていった。

小学生が読むようになったのは、角川つばさ文庫で『ジュニア空想科学読本』が刊行されてからだ。

柳田理科雄『ジュニア空想科学読本』（角川つばさ文庫）

空想科学研究所所長で空想科学読本シリーズをプロデュースしている近藤隆史は、親本を中学生が読んでいたのは斜に構える感じや大人が言わないような視点が好きな世代だからだろうが、『ジュニ空』はそうなる少し前の年齢層に向けて「一歩踏み込んで考えると、より面白くなる」というスタンスで作っている、と筆者の取材に対して語っている。だが『ジュニ空』が高1まで読まれていることを考えると、今の中高生もツッコミ目線でアニメやゲームを楽しむという前者寄りの姿勢で受容しているように思われる。

柳田・近藤両氏は『ジュニ空』を作るにあたり「子どもにウケそうな題材を選ぶ」「科学的に難しすぎない内容にする」「著者・柳田理科雄を偉い〝先生〟ではなく、子どもが抱くような疑問に楽しんで取り組む〝アヤシイおじさん〟として演出する」という方針を立てた。思春期の人間は大人に「上から目線」をされることも、「子ども扱い」されることも嫌うからだ。

親本は刊行ペースが年に1冊程度だったが、『ジュニ空』は年3冊。マンガ雑誌のコミックスの刊行ペースと同程度だ。しかも書き下ろしが増え、扱う題材も新作に関するものが多くなり、『ジュニ空』自体が時事ネタをも扱うリアルタイムコンテンツ、雑誌に近いものに変化した。やはり子ども・若者に身近な『マインクラフト』や『スプラトゥーン』などを取り上げたときには非常に反響が大きかったという。

逆に親本は2016年を最後に刊行が止まっている。書店に棚がないからだ。1990年代には書店に「サブカル本」棚があった。今ではサブカル本コーナーは縮小し、タレント本や占いなどとまとめられている。一方、1990年代に児童書は冬の時代で、書店でも年々売場が縮小していたのだが、立場が逆転した。

デスゲームや余命もの、短篇集が典型だが、ヒット作が出ると後追い企画が乱立するのが出版界の常であるにもかかわらず、『ジュニ空』には意外なほど類書がない。「ジャンプ」作品からゲーム、アニメまで幅広いネタを扱うこと自体が大変だし、それを科学的に考察するとなると書き手がいないからだろう。

近年の教育の潮流では、知識の「習得」だけでなく「活用」「探究」が重視されている。学校で習う理科と、日常的に自分たちが触れているマンガやアニメなどとを結びつけて考えるのは「知識の活用」の好例だ。総合的な学習の時間（探究学習）や自由研究で参考にした、という声もよくあるという。「道具として科学を使って自分に身近なことを考えてみる」――勉強と娯楽を両立させたところに支持の理由がある。

ハ・テワン『すべての瞬間が君だった』（マガジンハウス）

⑦エッセイ

２０１８年にチョ・ナムジュ『82年生まれ、キム・ジヨン』（筑摩書房）が日本で翻訳刊行されて大ヒットしたことをきっかけに、日本でも韓国文学がさかんに出版されるようになった。その流れでハ・テワン『すべての瞬間が君だった』（マガジンハウス）をはじめとする韓国発のエッセイが10代女性に支持されるようになっている。学校読書調査でも２０２１年以降、『死にたいけどトッポッキは食べたい』『私は私のままで生きることにした』が高校生女子に読まれていることが確認できる。

韓国エッセイとTwitter/インスタポエム需要

Amazonでいっしょに買われている本を眺めてみると、韓国エッセイはTwitter/インスタポエムと一部客層が重なっていることがわかる（画像1参照。いずれもハ・テワン『すべての瞬間が君だった』［マガジンハウス］のAmazon.jpの紹介ページより引用）。

Twitter/インスタポエムとは、ＳＮＳ上に恋愛に関することや人生訓をエモいポエム風

画像1　Amazonより『すべての瞬間が君だった』関連商品

に書いて人気を博していたアカウントの発言を書籍化したものである。

これらは2015年3月にKADOKAWAから刊行された蒼井ブルー『僕の隣で勝手に幸せになってください』を嚆矢とし、カフカ『だから、そばにいて』、sleep『好きで好きでどうしようもない恋は、いつもどうにもならなくて。』、ハジメファンタジー『言葉にしなくちゃ』などが続いた。これらをくくって筆者はTwitter/インスタポエムと呼んでいる。

学校読書調査では2017年刊の0号室『がんばる理由が、君ならいい』、2020年刊のF『20代で得た知見』がTwitter/インスタポエムの書き手によるものとしてやはり高校生女子からの人気が確認できる。

なぜ韓国エッセイとTwitter/インスタポエム

画像2　ハ・テワン『すべての瞬間が君だった』（マガジンハウス、2022年）p.76-77より引用

画像3　カフカ『ただそれだけで、恋しくて。』（ワニブックス、2017年）p.180-181より引用

の読者層が重なるのか？　両者には共通した特徴がある。
・ほぼ毎ページに写真やイラスト＋少ない文字数でビジュアル重視の版面（本の雑貨的価値を高める施策）
・エモいポエム
・自己肯定、女性慰撫（多少の自虐や感傷）
版面を並べてみると、どちらもページに対して文字量は少なく、イラストが大きく掲載されており、高校生女子に「エモい」感情を想起させるページ構成になっている。雰囲気も、ページの見せ方も、読者に訴求する感情もよく似ているのである（画像2、3参照）。

韓国エッセイにはハ・テワン型の感傷×恋愛もの以外にも、ハ・ワン『あやうく一生懸命生きるところだった』をはじめ、「人生を降りる」「競争から降りる」ことを謳うタイプの本も目立つが、こちらについては2021年を席巻した「陰キャの自己慰撫」本としてこのあとまとめて紹介することにしよう。

2019年ごろに韓国エッセイが台頭してくるより少し前の2015年ごろから、先行してSNS発のビジュアル重視のエモいポエム／エッセイ本が若い女性に支持されていたのである。韓国エッセイはそのすでに存在していたマーケットに乗ってきた（のとプラスして、K-POPアイドルや韓国ドラマ経由での新規読者を獲得した）ものだと言える。

ハ・テワン本の併買本を見ていくと、ほかにも興味深いことがある。汐見夏衛『あの花が咲く丘で、君とまた出会えたら。』や宇山佳佑『桜のような僕の恋人』などの「余命もの（死亡確定ロマンス）」も見えるからだ。愛した相手が死ぬ、物語開始当初から別れを予感させる設定で始まる悲恋を描いたそのエモさは、ハ・テワンのエッセイの感傷性に通じるものがある。

韓国エッセイ―Twitterポエム―余命ものの根源的なニーズは同じなのである。

全部、ぼくのせいだ。

あの意味のない愛に
漠然《ばくぜん》とした期待をしていた

ぼくのせいだ。

（「ぼく1人が愛していたんだった」、ハ・テワン『すべての瞬間が君だった』マガジンハウス、2020年、258ページ）

理由のない「好き」に理由を探してもおそらく何もない。
そこにあるのは、
ぼんやりとした「ただ好き」という
柔らかい灯りのようなもの。

（カフカ『だから、そばにいて』ワニブックス、２０１５年、34ページ）

桜を見ると思い出す。
どれだけ時間が流れても、やっぱりどうしようもなく君を想ってしまうんだ。
美咲、僕はなにもしてあげられなかったね。
その苦しみに気付くことも、悲しみから救うことも、なにもできなかったんだ。

（宇山佳佑『桜のような僕の恋人』集英社文庫、２０１７年、Kindle版より引用）

明らかにここには共通するトーンがあり、それらが読者に響くものになっていると思われる。

この現象、このシンクロを捉えるには、同時代の作品群を横軸で見るだけでなく、時代的・年齢的な縦軸で捉えることも重要だろう。

たとえばTwitterポエムや韓国エッセイを積極的に刊行しているワニブックスは、2000年代後半に起こった第二次ケータイ小説ブーム時にもさかんに書籍化を手がけた版元であり、ケータイ小説は当時も感傷に満ちていた——この種の叙情的な「エモ本」(「エモい本」)を昔から得意としてきた会社である。「韓国からやってきたものが最近突然売れた」のではなく、歴史的な流れからこの現象を理解するべきなのだ。

また、小学生女子の間ではマインドウェイブの文具発『一期一会』の小説版が学研から刊行され、シリーズが完結して新刊が出なくなって以降も定番化して読まれ続けている。『一期一会』も「せーの」でお互いの呼び方を変えた今日。ちょっとムズがゆいケド恋人同士になれたコトを実感したんだよ」(文具に書かれた文面)といった恋愛や友情に関するポエムがウリのひとつであり、短文で感情に訴えるポエム文化圏という視点で捉えることもできる(もちろん、年代ごとに内容の違いはある。たとえば、小学生が好むポエムには自意識、皮肉はほとんどないが、中高生以上向けでは多少見られるようになる)。

韓国エッセイを「韓国発」というくくりで韓ドラやK-POP、韓国文学と並べて捉えるだけでは、むしろ見えなくなるものがある。日本の思春期の女性がもつ叙情的・感傷的なポエム、切なさが横溢する「エモい」テキストに対する根強い需要が、ハ・テワンらを発見したのだ。

「陰キャの自己慰撫」という共通点

２０２１年調査で中高生男子が読んだ本の上位に入っている『ハローキティの〝ニーチェ〟』『ポケット版「のび太」という生き方』『ぼのぼの名言集』は、いずれもマンガなどのキャラクターものだ。『ざんねんないきもの事典』はアニメにもなった。あるいは女子が読んでいる『死にたいけどトッポッキは食べたい』『私は私のままで生きることにした』は韓国エッセイだが、どちらもボーイズグループＢＴＳのメンバーが読んでいたことで知られている。

また、ブレイディみかこの『僕はイエローでホワイトでちょっとブルー』もメディアでよく取り上げられた一冊だ。

これらの本は「メディアでの接触が多く、親しみがある」からランキングに入った――とみなすのは半分しか正解ではない。キャラものにしても「アイドルが読んだ」ものにしてもメディアに取り上げられた本にしても、無数にあるからだ。小説同様に、小説以外の本でも、学校読書調査上位に入る本には、「きっかけ」に加えて内容面に共通点がある。

ではどんなことが共通しているのか。「生き方」に関して書かれた平易なエッセイであることだ。いずれも政治・経済や社会についてではなく、自分に引きつけて読めるもの、それも取材に基づくノンフィクションや論評ではなく、堅苦しくないエッセイである。「中高生は自意識過剰な年頃なのだから、自分を見つめるために生き方に関する本、広い意味での自己啓発的な内容の本に手を出してもおかしくない」と思うだろうか。

だがこれらのエッセイが自己〝啓発〟と呼べるような内容かというと、微妙なところだ。

ここまであげてきた本のメッセージは、どれも似ている。

自己肯定感が低かったり、一見するとダメな自分であったりしても、他人と比較して落ち込まずに自分らしく生きよう、というものだ。ポジティブシンキングをすれば人生うまくいく、みたいなものではないし、「競争に勝ち抜け」とか「才能を目覚めさせよう」というものでもない。高みをめざさないし、「〇〇しないと脱落する」と読者を脅すようなホラーストーリーでもない。具体的にスキルアップを説く内容でもない。これらをひとことでまとめれば「陰キャの自己慰撫」（陰キャ＝後ろ向きな人）である。

したがって「啓発」とは呼びがたい。ぼちぼちな自分を自信がもてないなりになんとか認める。弱さを吐き出し、自らの何もなさを受け入れる。目に見える能力のすごさや外見の良さよりも（そんなものはもっていない、と多くの中高生たちは思っていることだろう）、思いやりや優しさが大事。偏差値の高い学校に行って勉強するよりも（そもそもそんなところには行けないが）、それぞれが好きなことをやれるほうがいい……こういうものだ。

図17　若者意識調査「私は、自分自身に満足している」

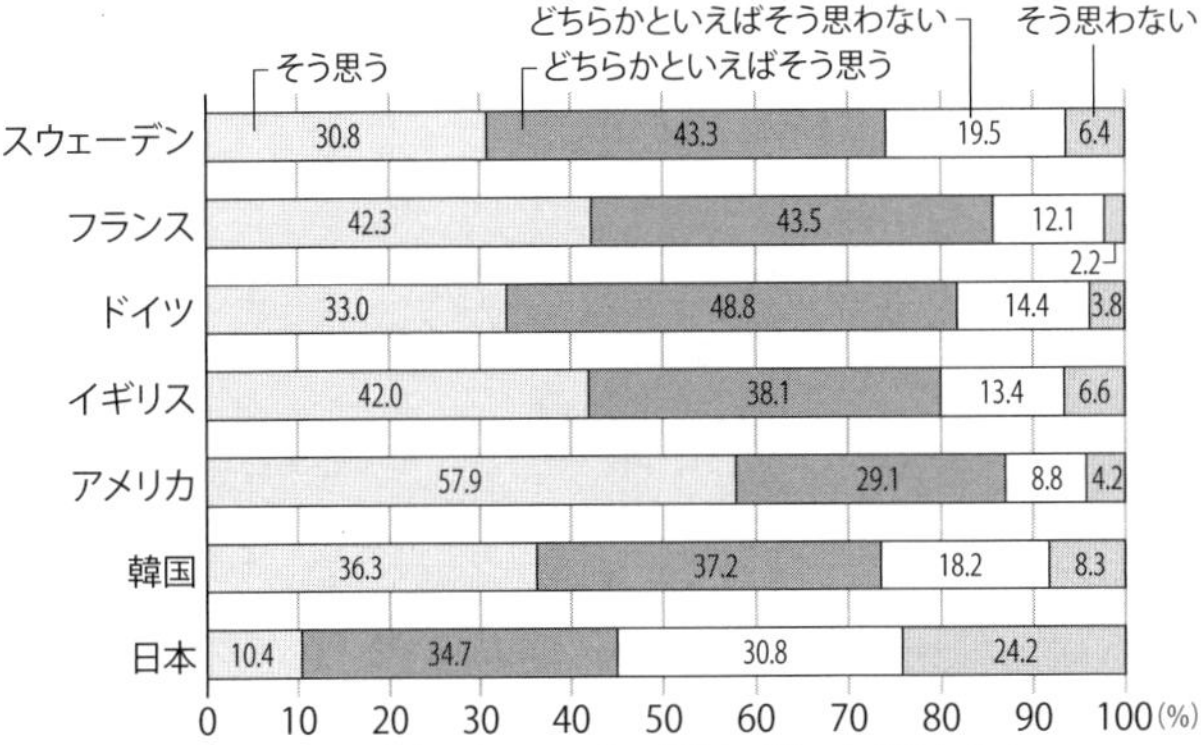

内閣府「我が国と諸外国の若者の意識に関する調査」平成30年度より作成

なぜこうしたものを好むのか。筆者がこれらの本を並べて見たときに考えたのは、日本の若者の自己肯定感が著しく低いからだろう、ということだった。

たとえば日本、韓国、アメリカ、イギリス、ドイツ、フランス、スウェーデンの全7カ国の満13歳～29歳を対象とした内閣府の意識調査「我が国と諸外国の若者の意識に関する調査」を見よう（図17参照）。たとえば平成30年度調査では、自尊感情と関連すると思われる「私は、自分自身に満足している」は4点満点（「そう思う」4点、「どちらかといえばそう思う」3点、「どちらかといえばそう思わない」2点、「そう思わない」1点で計算）で、他国の平均値はほぼ3点以上（スウェーデンを除く）であるのに対し、日本の平均値は2・31点だった。「そう思う」

の回答者が他国は最低3割はいるなか、日本は10・4%しかいなかった。ほかの項目も合わせて見ていくと、日本の若者は、自分自身に満足しておらず、憂鬱で、将来に希望がもてないし社会を変えられるとも思えていない、ということが見えてくる。

つまり、ここまであげてきたエッセイは人生に諦めが入っている人たちに寄り添ってくれる本だから読まれたと推察される。つまり今の中高生が求めるノンフィクションは「陰キャが自己慰撫できる本」なのではないか、と。

これに該当しないのは、2021年では高3男子で上位に入った『スマホ脳』(新潮新書)だけである。同書は、スマホはドーパミンを手軽に出す装置ゆえに人々はドーパミンがほしくて依存状態に陥り、ほかのことに集中できなくなっている、とくに若者はバカになっている、という警告の書だ。これだけはマイナス思考、ネガティブシンキングの人が手に取ってさらに自らを不安にさせるような内容だ。ただ『スマホ脳』以外は「陰キャの自己慰撫」が2021年の中高生がよく読んだ小説以外に共通するキーワードだったのである。

「読まれる」YouTuber本——コムドットやまと『聖域』

ところが、2022年はどうなったか。引き続き自己慰撫的な内容の韓国エッセイは入っている。しかし、たとえば中3や高3男子でひろゆき『1%の努力』、高2・高3女子ではTwitterポエムで著名なF『20代で得た知見』（や映画化された小説『真夜中乙女戦争』）、高2男子で『スマホ脳』、高3男子で『深夜特急』が入った。

最大のトピックは、コムドットやまと『聖域』（KADOKAWA）が中高生男女各学年にほぼ上位入りしたことだ。これはYouTuberコムドットのリーダー・やまとが夢の見つけ方、叶え方を説いた本であり、2021年のベストセラーのひとつである。これは二つの点で興味深い。

ひとつには、YouTuberやTikTokerの本は大量に作られ、書店や取次のベストセラーランキングでは確認できるのに、学校読書調査上ではkemioの『ウチら棺桶まで永遠のランウェイ』が2019年調査で入ったくらいでほとんど上位に入ってこなかった——つまり「売れている」のに中高生に「読まれていない」状態だった。これを『聖域』が打ち破ったことである。

コムドットやまと『聖域』（KADOKAWA）

YouTuber本の多くは、インフルエンサーが半生を振り返り、ファンの若い人へのメッセージとして「好きに生きろ」「批判なんて気にするな」と説く、一種の「成功本」だが、どうもそのメッセージが刺さっていなかった。あるいは、動画を積極的に観る層は読書を好む層と必ずしも重なっていなかった。しかし『聖域』は中高生に「読まれる」YouTuber本になった。

もうひとつ興味深い点は、『聖域』が象徴するように、2021年と比べると2022年は学校読書調査で上位に入っている小説以外の本は、読者の前向きさが見える並びになっていることだ。

もちろん、ひろゆきの『1%の努力』は普通の自己啓発本と違って「努力しないで成果を出せる場所を探せ」「社会の底辺を知っておけばお金がなくても、働かなくても生きられるとわかる」といったことが書かれている本だし、Fの『20代で得た知見』も「死にたくなったら寝ろ」とか「好意は、早く伝えた方がいい。だってすぐに消えてなくなる」「ベストなタイミングは、永久に来ない」といったひねくれた人生訓が語られるものではある。それでもこれらは「陰キャの自己慰撫」ではない。「どうにもならない自分を受け入れる」というよりは「良い人生を生きるために参考になる言葉を得たい」というポジティブさが感じられる。

この変化は、どう解釈できるか。

2021年の傾向は、2020年初頭からのコロナ禍で陰鬱な気持ちになり、先が見えないことに引きずられていたからであり、2022年は3年ぶりにさまざまな活動が再開されたことに引っ張られて、中高生も前向きに夢のことを考えられるようになった、というのが素直な見方だろう。

小説の傾向は、2021年と2022年で大きくは変わっていない。つまり中高生全体が前向きになったと捉えることは難しい。たとえば『人間失格』や『わたしの幸せな結婚』のような卑屈の極み、自己肯定感が低い（だが他人から愛される）主人公の話の人気は衰えていない。

一方ではやみねかおる『都会のトム＆ソーヤ』やボカロ小説の『グッバイ宣言』のように、主役の片割れが明確な将来の夢をもっており、もう片方もそれに引きずられて夢をもち始める、というタイプの小説も人気がある。

すべての中高生が同じ考え、同じ好みであることはありえない。将来を前向きに捉えるか後ろ向きに捉えるかも、ばらけるほうが普通なのだ。自己肯定感が低い人向けの本も、「夢を追う」本も、それぞれが人気の「極」を形成し、並立しているほうが自然である。

実は中高生に読まれるノンフィクションは、フィクション以上に流行に左右される面が大きい。その年のベストセラーのなかで中高生の心に刺さるもの、10代が自分に引きつけて「生き方」を学ぶものとして読める本が入る傾向が強い。たとえば遡ると2013年には2005年にはサッカー日本代表のキャプテンだった長谷部誠の『心を整える。』が、水谷修『夜回り先生』が、1999年には乙武洋匡『五体不満足』が学校読書調査の上位になっていた。中高生のノンフィクション読者は時事風俗の影響を受けやすい、ないしは、中高生がノンフィクションに求めるものは「自分に関係のあること」に加えて「時代の空気」である、と考えられる。

2021年に小説以外のよく読まれている本が「陰キャの自己慰撫」に極端に偏ったことはコロナ禍の暗い世相を反映したからであり、『聖域』は、実質的にコロナ禍明けしてさまざまな活動がもとに戻りつつあった2022年の解放的な空気を象徴する一冊になっている、ということだろう。

高SESの「都会の不良」の系譜

ではその『聖域』はどんな内容の本なのか。

5人組 YouTuber コムドット(チャンネル登録者数414万人〈2023年5月時点〉)の創始者でリーダーのやまとが書いて40万部以上のヒットになった『聖域』のテーマは「夢の見つけ方・叶え方」だ。

本書には、2018年、大学2年生のときにトップ YouTuber になることを決意し、1年以上いわゆる「底辺」(人気のない)配信者としてくすぶりながらも現在の地位に至ったやまと自身の経験、および年間200冊の読書を通じて得た知見が書かれている。若い読者にとってはある種のキャリア教育本として受容されていると思われる。

自著によると、やまとは2歳から英会話教室、土日はボーイスカウトに通い、膨大な絵本に囲まれて育ち、今もよく書店に行ってはそのたび直感で10冊ほど購入しているという。高い社会経済的背景（SES）をもった家庭で幼少期を過ごし、中学受験で中央大学附属中学校に合格して同高校まで進学したのち、上智大学に入学。外交官を志してワシントンD.C.に留学するも「長い時間をかけてひとつの成果を出す外交官の仕事に向いていない」と感じて帰国後は起業家をめざして準備していたところでYouTuberになることを思いつき、幼なじみを誘って活動を始めている。

上を見ればキリがないとはいえ、やまとの家庭は、日本全体の平均から見ればかなり恵まれたレベルの教育を子どもに対して幼少期から施し、中学から大学まで私立に通わせ、留学資金をポンと出せる経済的な余裕があることが確認できる。

経済的な面だけでなく、家族から継承した価値観も重要なポイントだ。物心ついたときから母親には「人と違うことをしなさい」と常に言われ、父親には「ケンカは、負けって思わなきゃ負けじゃない」と教えられ、祖父は受験で不安を抱えるやまとに「大胆にやってこい。死ぬわけじゃない」と声をかけたという。

結果、やまとは人と異なる考えや行動を取ることをおそれず、成功するまでやり続ければ失敗ではないと考え、ひたすら量をこなしてトライアンドエラーしながら上をめざす、自己肯定感の強い人間に育った。

すでに多数のチャンネル登録者数を抱える先行者が山ほどいるなかで、後発のYouTuberが再生回数やチャンネル登録者数を伸ばしていくには、たんに目立ちたがりで奇抜なことをしたがるだけではほとんど不可能だ。同時に、結果がすぐに出なくても長期間にわたって地道にコツコツ努力し、反響を見ながら「カイゼン」し続けていく能力が必要になる。やまとは遺伝と環境の相互作用によってそれができる人間として育った。

2000年代前半に渋谷のイベントサークル（イベサー）で活動し、代表も務めた社会学者・荒井悠介の『ギャルとギャル男の文化人類学』（新潮新書）および『若者たちはなぜ悪さに魅せられたのか』（晃洋書房）によれば、1990年代から2000年代にかけて渋谷センター街を活動拠点にしていたギャルやギャル男が所属するイベサーには中学受験を経て私立の中高一貫校から高偏差値帯大学に進学した、東京出身の社会経済的地位（SES）の高い家庭に生まれ育った者も少なくなかった。

そうしたイベサー所属の「高SES」の都会の不良たちは「将来、ビッグになる」という上昇志向を有して人脈構築や実績づくりに勤《いそ》しみ、勉強と遊びを両立させ、卒業後は起業したり有名企業に就職したり医者になっていったりと社会的に成功する者が多かったという。荒井によれば、高ＳＥＳの都会の不良の活動は「チャラい」「ツヨメ」「オラオラ」という行動規範に基づいている。「チャラい」は性的逸脱・奔放さのアピール、「ツヨメ」は人より目立つ新奇な行動、「オラオラ」は捕まらない、または社会的に傷を付けない程度の法的・社会的規範のギリギリの仕事や行動である。

ただしその後のＳＮＳ、スマホの普及に伴い、武勇伝や逸脱は仲間内での評判を高めて将来につながるどころか、見知らぬ人に拡散されて炎上するリスキーなものに変わり、キャリア上のアキレス腱になるという認識に変化したため、２０１０年代以降、高ＳＥＳの都市部の不良たちは表向きの外見や行動をおとなしいものに変えていった。

だが、荒井は２０２０年代に入ってもこのような価値観が消えたわけではない、と語る。

実際にふだんから行動に起こせる人は減っているとはいえ、エッジィな層には継承されていると思います。僕がフィールドワークしている渋谷では、海外に出る、YouTuber になる、投資家になるといったかたちに変化しながら、価値規範は残っています。かつて渋谷のイベサー、ギャルサーの中核にいて突飛なこと、新奇なことをしていた層は家がお金持ちで高学歴の子が多かったのですが、そういう子たちはいまだと海外留学に行くことを選ぶのが一番多い。

（「今や若者の半数以上が「オタク」…この四半世紀で一体どう変わったのか」）

海外に短期留学したのち起業家を志しYouTuberになったやまとは、見た目はギャル男ではないが、人と違うことをして成功したいという上昇志向や、コロナ禍の緊急事態宣言下で外出自粛が求められていたなかパーティに参加して「週刊文春」に報じられるといった、多少のリスクある行動や摩擦を厭わない振る舞いを見れば、高ＳＥＳの、東京の私立中高一貫校に通う不良の系譜にある存在だと言える。こうした存在はときに年長世代から反発も招くが、大人の言うことに不満を抱く思春期の人間には、ほかのYouTuberに対して「道を開けろ」と言って物議を醸したり、「２０２２年中にチャンネル登録者数４００万人を達成する」といった「デカいこと」を言ってやり遂げたりといったビッグマウスぶりが魅力的に映る。

やまと自身に関するエピソードを除けば、『聖域』の内容は比較的オーソドックスな自己啓発本である。たとえばやまとが「自分は外交官に向いていない」と悟ったあと将来の職業に悩んだときに熟読した本はトム・ラス『ストレングス・ファインダー』だが、これは「強みを活かせ」と言われるときにあげられる定番の一冊であり、企業のキャリア研修でもよく使われている。

やまとが自著のなかで主張している夢の見つけ方、かなえ方は、実体験に基づく部分以外は、こうした定番書籍に拠るところが多い（といっても出典はほとんど記されていないが、ほかの本にもよく書かれている知見が散見される）。

「夢を見つけろ」「夢をかなえる生き方をしよう」という言葉が「ドリームハラスメント」（高部大問）と呼ばれて批判されるほど、キャリアを考える際に日本では重視されている。そのせいで「夢を見つけられない」「かなえられない」と悩む若者が多い。それに対して『聖域』は方法論・手順のひとつを示した。そしてやまとは、日々投稿する動画によって自身の主張を実践している様子を見せることで、読者＝視聴者に圧倒的な身近さと説得力をもつ存在になっている。

ほかのYouTuberが書いた経験談ベースの「成功本」「自分語りエッセイ」との違いは何か。『聖域』はコムドットのファンでなくても通用するように、やまと自身の経験談だけでなく、本から学んだ知識をうまく混ぜ、若年層に対して汎用性のある「手順」を、若い世代に伝わる言葉で示している。たいていのYouTuber本は「夢をかなえる」といったテーマよりもYouTuber自身にフォーカスが当たっているが、『聖域』は明確にステップ立てて「夢の見つけ方・叶え方」がわかるような構成になっている。それが2022年の中高生にハマったのだろう。

自己啓発嫌いも包摂する『夢をかなえるゾウ』

「ノンフィクション」からの流れで紹介したほうが位置づけがよくわかるので、ここで扱いたい小説がある。2007年に刊行を開始した水野敬也『夢をかなえるゾウ』(通称『夢ゾウ』)である。同作はシリーズ累計460万部を突破し、現在の出版元である文響社による惹句で「日本一読まれている自己啓発小説」と謳われている。

『夢ゾウ』は学校読書調査を見ると2009年調査で中1男子の12位、2014年調査で高2男子の2位、2021年調査で高1男子の15位、2022年調査では高3男子の10位に入っている。このシリーズと『君たちはどう生きるか』を除けば、中高生に読まれる自己啓発小説は少なく、かつ、長期にわたって中高生に一定の人気がある自己啓発本もまた少ないことから、取り上げてみたい。

同シリーズは『夢をかなえるゾウ』が2007年、『夢をかなえるゾウ2　ガネーシャと貧乏神』が2012年、『夢をかなえるゾウ3　ブラックガネーシャの教え』が2014年、『夢をかなえるゾウ4　ガネーシャと死神』が2020年、『夢をかなえるゾウ0　ガネーシャと夢を食べるバク』が2022年に刊行されている。

このシリーズの基本的な筋立ては、くすぶっている冴えない主人公のもとに、関西弁でしょうもないギャグを連発し、エジソンやアインシュタインをはじめとする世のなかの偉人や天才は自分が導いてやったと豪語するゾウの姿の神様ガネーシャが現れ、主人公はガネーシャに出された課題を半信半疑ながら実行するなかで、少しずつ夢に近づいていったり、人生の真理に気付いていったりする、というものだ。

ガネーシャが主人公に出す「課題」のほとんどは「靴を磨く」「トイレ掃除をする」といった単純作業だ。自己啓発本の代表格スティーブン・R・コヴィー『7つの習慣』にある「ミッション・ステートメントを作る」のような、読者が自ら自分の人生に引きつけ、中長期的な視点に立ち、時間をかけて考えなければいけない、負荷が大きい作業はほとんどない。

水野敬也『夢をかなえるゾウ1』（文響社）

ただし課題として示される「自分の得意な事を人に聞く」は、日本のビジネスパーソンに信奉者が多い思想家ピーター・ドラッカーなどが言う「強みの上に築け」だし、「一日何かをやめてみる」は『7つの習慣』やこれまたドラッカーなどが言う「劣後順位を付けて計画的に何かをやめないと、高付加価値を生み出す時間が作れない」という話だ。つまり、これまでビジネス書や自己啓発本でさんざん言われてきた要点をライトにまとめたのが『夢ゾウ』である。誰でもすぐにできそうなことだけ示すその軽さゆえに「競争社会を勝ち抜け」「成功したいならこれをやれ」といった「圧」や面倒くささを感じさせない。これが「読む前に得られる感情がわかり、読みやすい」ものを求め、自己肯定感が低い中高生に拒絶されない理由だろう。

『夢ゾウ』で主人公を導くガネーシャは、松下幸之助やアンドリュー・カーネギーなどのような成功者に対して上から目線で「あいつらに教えたったわ」というようなことを言うが、ガネーシャ自身はあんみつに異様に固執したり、自分のことを褒めてくれないとすぐにすねたりする物欲や承認欲求にまみれた俗物である。だから主人公はガネーシャに対して半信半疑だ。しかし主人公は「成功したい」という思いをもっているがゆえに、うさんくささを感じながらもガネーシャの言うことに従う。この「疑いと期待の同居」は、成功本や自己啓発本を手にしている多くの人の態度そのものである。水野自身が、かつて自己啓発本や恋愛指南本を手に取っていたころに「なぜお金を払って他人の自慢話を聞かなければならないのか」「誰も『本当かよ』とツッコミを入れない」などと感じつつも、成功したい一心で読みあさっていた過去をもっている。そこから、懐疑や茶化しが織り込まれた自己啓発小説という『夢ゾウ』スタイルができている。

自らの心の弱さ、みじめさ、コンプレックスを隠さず、成功者への憧れとやっかみ、自分もそちら側に行きたいという願望と、「そうなれるわけがない」というあきらめが同居し、世俗的な価値観に何の疑いも抱いていない意識高い系をバカにもするというねじれた気持ちが『夢ゾウ』シリーズには詰まっている。「思春期の自意識、反抗心、本音に訴える」面がある。と同時に「陰キャの自己慰撫」的な側面も、このシリーズはもっている。

さらに興味深いことに、このシリーズは「夢をかなえる」方法について書いてあると思われがちだが、ド直球な内容は第1巻だけだ。第2巻以降はシリーズを通じて第一巻の自己否定や補足、別の道を示すことを続けていく。

第2巻は脱サラしてお笑い芸人になったものの才能がなくてくすぶっている主人公・西野のもとにガネーシャが降臨する話だが、西野はお笑い芸人としては成功しない。挫折し、他人の夢をサポートする側に回る。自分の夢を追うのではなく、誰かの夢を助けるという道もある、というわけだ。

第3巻は24万円もする黒いガネーシャ像を買った、パワースポットやパワーストーンに課金しまくっている女性のもとにブラックガネーシャが現れ、スピリチュアル系（スピ系）で言われているような耳ざわりのいいフレーズを真に受けているだけでは夢をかなえることは不可能だと突きつける。夢をかなえるためには「痛み」が必要だと説くのだ。ブラックガネーシャは主人公に対して苦手なことや合わない人、気まずいことに向き合わせ、ぬるま湯のような人間関係を絶たせていく。「努力しなくても成功できる」「働かなくてもお金持ちになれる」といった考えを徹底的に否定する。そして主人公は、物語開始時点で抱いている「柿本さんという男性と付き合いたい」という目標を達成することなく、柿本の友人の別の男性と結婚するという結末を迎える。当人は幸せだが「夢をかなえた」と言えるかは微妙なところだ。

第4巻は、第3巻の「ヌルいスピ系/自己啓発ビジネス」批判をある意味でさらに発展させ、このシリーズの自己否定とすら言えるテーマ「夢を手放す」に至る。妻子ある男性が余命いくばくもないことを告げられ、残りの人生で何ができるかを考えていくという物語だ。人間の欲望には際限がなく、成功者にも満足しきって亡くなった人はいないこと、人生には夢をあきらめ、現実と向き合い、今を肯定するときも必要になることを説いていく。

『夢ゾウ0』では「夢がない」若者が主人公になる。会社でスティーブ・ジョブズにかぶれた上司から「お前の夢は何?」といつも詰められ「ドリームハラスメント」を受けている自己肯定感の低い若手社会人である主人公が、自分と折り合いを付けながら夢の見つけ方を知っていく――主人公は夢を見つけるものの、作中では「夢は無理に持たずともいい」とも説かれるのが白眉《はくび》である。

『夢ゾウ』はシリーズを通じて「『自分の夢をかなえる』以外のオルタナティブな道がある」「成功しても幸せになれるとは限らない」と言って夢を相対化していく。こうしてしまえば成功本につきものの「結局、ほとんどの人はあなたのようにうまくいかないですよね？」という違和感にはつながらない。人生がうまくいっても、うまくいかなくても、能力があってもなくても、シリーズ全作読めば誰でもどこかしらに引っかかって救われるような多段式クッションになっているのだ。見方によって誠実とも巧妙（狡猾）とも言える展開である。

自信はないがそれでも夢を追いたい人は第1巻を読み、夢を追うことには懐疑的だがそういう生き方を斜に構えて嘲ることもできない人たちは、第2巻以降のどれかを読めば刺さるものがある。必ずしも「上」をめざさないが「生き方」を示すというゆるい自己啓発であり、同時にアンチ自己啓発でもあることがこのシリーズの特徴だ。それが、自己評価の低い（とくに若い）人間の心をつかむのだろう。

「競争から降りる」ことを選ぶ「陰キャの自己慰撫」と、「夢を見つけてかなえる」をめざす『聖域』の中間的な存在が『夢ゾウ』なのである。

「自分」について考えたい思春期

まとめると、中高生が読む小説以外の人気本はおおよそ、

1. 「勉強」や受験に関する情報、（主に理科の）知識にエンタメ要素を交えたもの
2. 競争を煽らず、思春期の気持ちに寄り添うかたちで、身近な実例と「できそう」と思える手順を組み合わせて、「生き方」を示したもの
3. 恋愛や人生についてのエモいポエム

に整理できる。

総じてハードなものは好まれておらず、娯楽的な要素があっても「勉強や進路に関わる大事なこと（もの）だ」と言い訳できるような部分がある。ただ小説よりも入れ替わりが激しく、時代の空気の影響を受けやすい。

結局、中高生が小説以外の本に求めるのは「自分」に関係することである。社会的な事柄などを扱った本はあまり読まれていない。『ざんねんないきもの事典』や『空想科学読本』が、思春期のめざめが女子よりも遅い男子のなかでも、高校生より小中学生に支持されていることが象徴的だ。思春期が進行するほどに生物、科学よりも「自分」に関心が集中する。

しかし、大人と比べて小説以外の本よりも小説を好んで読んでいる。おそらく小説を通じて「自分」を考えるほうが、自己啓発本をはじめとする実用書や伝記を通して考えるよりもしっくり来るという発達段階が、10代なのだろう。

第四章　10代の読書はこれからどうなるのか

若者に有効な読書推進施策はあるのか

筆者は第一章で、高校生および日本全体で見た場合の書籍の不読率や書籍の読書冊数は驚くほど変化がなく、おおよそふたりにひとりが本を読み、量としては不読者含めた全体の平均で月に1、2冊程度である、という統計を紹介した。

筆者は「やってもやらなくても大人になれば『ふたりにひとり』の読書率になり、読書量も全体で平均すると月2冊未満に収束するのだから、子ども・若者に向けた読書推進には意味がない」と言いたいわけではない。やる意味はある。

読書に対しても、ほかの能力・特徴同様に遺伝の影響は半分程度である。かつ、いくら遺伝的素養をもっていたとしても、本を見たこともない人が本を読むことはない。ならば本に触れる環境を幼少期から用意したほうがいい。1992年に乳児とその親に対して本との触れ合いを提供する「ブックスタート」がイギリスで始まるきっかけになったのは、小学校に入学してきた子どもたちが本を見て「何それ?」という顔をしている割合が目立ってきたこと、つまり家でも地域でも本に触れずに育つ子どもが増えたことに対して手を打たなければという危機意識からだった。

遺伝的に文字による学習や娯楽を好まない人はともかく、小さいころから本に親しむようになりえた人まで放置しておくと、基礎的な国語力の向上にも差し障りが生じる可能性がある。読書が語彙力を高める効果があることには、さまざまな研究がある。また、中学受験でも大学受験でも語彙力が学力（の伸び）を左右するベースになっていることも、多くの塾・予備校講師から語られている。まったく本を読まないと、語彙はなかなか増えないのである。最終的に大人になると平均して月2冊未満の読書量になるとしても、幼少期から月1冊だけ読んでいた人と、小中学生のころまでは月5冊読んでいた人とでは、常識的に考えて語彙力に甚大な差が生じる。また、本に触れる、図書館を使うといったことに初等・中等教育で慣れていないと、高等教育課程に進んでから、あるいは社会人になってから、自分が必要な情報を取りに行くために必要な調べ物のリテラシーも身につかない。したがって子どもに対する読書推進施策に教育上の意味はあるし、1990年代後半以降の取り組みは十分成果をあげてきた。

ただ、いくら推進・推奨しても、もって生まれた性質によって「効かない」人もいる。また、たくさん本を与えて読み聞かせをしたり強制的な読書の時間を設けたりすれば、必ず本好きになって読書冊数が無限に増えていく、というものでもない。そして長期的に見ると、子どものころの読書教育の効果は薄れていき、読書量に対しては遺伝と本人の選んだ個別の環境の影響のほうが大きくなっていく。

こう捉えたほうが「なんでいくらいろんなことをやっても高校生や大学生の不読率や平均読書冊数はなかなか改善しないのだろうか?」と思い悩まずに済むし、予算や人員といった有限なリソースをムダに配分せずに済むと個人的には考えている。

とはいえ「何をやっても効果はそもそも限定的である」とだけ言って終わると、本書をお読みの方も釈然としないだろう。だからその前提を断った上で、高校生以上の読書推進施策についての提言を書いてみたい。

「10代が読みたい本」を軸に考え直す

まずは高校生に対してからだ。中学・高校の学校図書館や公共図書館が、10代向けのヤング・アダルト(YA)サービスについて書いた近年の書籍や雑誌を読んでみても、司書による施策の成功事例はなかなか見当たらない。

むしろ登場するのは、「学校図書館と地域の公共図書館が連携し、高校の図書委員に公共図書館で推薦本を選んでもらい、逆に公共図書館司書も高校図書館向けに選書するという企画を実施した。前者は貸出冊数が伸びたが、司書が選んだ本はほぼ読まれなかったため企画が打ち切られた」とか、「ライトノベルをアーカイヴする試みを始めたが、利用者が少ない」といった事例である。

なかには「公共図書館のYAコーナーの利用者増のため、ラノベの蔵書を充実させるべきだ」と提言している人もいる。だが中高生のラノベ離れは進んでおり、やみくもに点数を増やしても効果は薄いだろう。

筆者が公共図書館、学校図書館の中高生向けサービスについて調べてみて感じるのは、図書館のYA担当者であっても、中高生が実際に読んでいる本がどんなものなのか知らず、若い人たちが何を好み求めているのか把握していない人がそれなりにいる、ということである。厳しい言い方をすると、大人の目線で読ませたい本を押しつけるか、「こういうものが好きなんだろう」という〝イメージ〟で、仕事をしているように見える。

もちろん、教育機関でもある図書館は、利用者の〝目立つニーズ〟に応えさえすればいいというものではない。中高生が好きな本、好きそうなジャンルの本だけを並べてとにかく貸出冊数を増やせばいい、とは言えない。しかしそれにしても、ニーズ自体を「知らない」のは論外だろう。自分が求めてもいない本を読みたがる人はいない。第一、ニーズを知らなければ、司書が中高生に読んでほしいと思っている本も届かない。中高生に確実に本を届けるには、彼ら／彼女らが「これは自分が求めているものに近い」と思える切り口から紹介することが必要になる。

もしわからないのであれば――本書はそれを「わかる」ようにするために書かれている

わけだが、それ以外の選択肢としては――、先に紹介したように、中高生自身に同年代に向けてオススメ本をあげてもらう、などを試みてはどうか。まずは、当事者間の相互レコメンドや企画によって、本と図書館に興味をもってもらうところから始めたほうがいい。

図書館は本を貸し出すだけの場ではない。さまざまな企画、サービスを通じて利用者の課題や疑問を解決したり、人と人とが触れ合い、能力を育成したりする場でもある。むろんそれらの機能も、中高生が求めるものとズレていたのでは利用されないまま終わってしまう。それを避けるには、当事者である中高生が企画立案から参加するものを増やし、彼ら／彼女らのニーズの勘どころを大人が理解すべきだろう。

学校や図書館は、「こういうものを読んでほしい、学んでほしい」といった規範を子どもに押しつけがちだ。だが「受け手（子ども）の視点から考える」ことを意識して努力すれば、高校生にとって図書館や本は、もっと身近なものになるはずである。

大学生にも「楽しみとしての読書」を

次に大学生向けの読書推進活動についての提言である。

高校生までの読書推進活動は、「本を読む」こと自体を促すものが主流だ。一方、大学生に対しては、研究をしたり、レポートを書いたりするための本の探し方・読み方・使い方や図書館の活用を学び、推進することが中心になっている。

玉真之介編著『大学教育と読書　大学生協からの問題提起』（大学教育出版）によれば、2008年以降、文科省が学士課程教育においてアクティブラーニングの促進を打ち出した。アクティブラーニングとは、講師が一方的に教えるのではなく、講義やゼミにおいて対話を重視し、学生側に積極的な発言を求める学習スタイルのことだ。この方針に応えるべく、大学図書館はラーニング・コモンズと呼ばれる場所を設置して「グループでの利用・対話が可能な学習支援空間」機能を有するようになった。従来の図書館像である「静謐な空間」とはまた別の場所も用意するようになったわけだ。

だがOECD加盟国の15歳を対象とした学習到達度調査PISA2009年度のアンケートでは、「学校の学習のために本を借りる」経験について、日本の生徒は44・8%が「まったくない」と回答していた。ラーニング・コモンズのようなハコだけ用意したところで、やり方がわからなければ「研究・探究のための読書」ができるはずがなかったのである。だから各大学は2010年代以降、初年次教育を急速に拡大し、多くの大学では1年生を対象に基礎課程でレポートの書き方などを扱い、図書館の使い方を教えるようになった。そして中等教育と高等教育のつながりを強めようと、小中高でも探究学習のための読書・図書館活用をそれまで以上に謳うようにもなった。

にもかかわらず、前述のとおり全国大学生協連の調査では、大学生の読書量や不読率は悪化している。くりかえしになるが、「そもそも大人になると半数は本を読まない」ことには、おそらく遺伝的にどうしようもない部分がある。したがって今以上に学生向けに「学修のための読書推進」をやっても、なかなか不読率低減は難しいように思われる。

「ふたりにひとりが本を読まなくても卒業できる大学は、高等教育機関として意味があるのか」という声もあるだろう。だが、もし本当に不読が問題だと考えるなら「○冊読んでレポートを書くことを卒業要件とする」と強制すればいい。そうしていないということは、多くの大学は、自ら学生の不読を容認しているのである。

ではは大学生向けの読書推進に、現状に加えて何かできることはないのか。大学で求められるレポートの書き方や図書館の使い方を教えるかたちでの「学修のための読書推進」が行われる一方で、高校まででさかんだった自由読書、楽しみのための個人的な読書の推進活動に関しては、大学生向けではまだ多少余地があるように思われる。大学生向けの「楽しみとしての読書の推進」は、大学生協による「読書マラソン」が代表例だ。読書マラソンとは、「本を継続的に読み、在学中に100冊以上をめざす」という大学生協オリジナルの読書推進運動である。ほかには近年だとビブリオバトルなどもある。ビブリオバトルは、

・発表参加者が読んで面白いと思った本をもって集まる
・順番に1人5分間で本を紹介する
・それぞれの発表のあとに、参加者全員でその発表に関するディスカッションを2〜3分間行う
・すべての発表が終了したあとに、「どの本が一番読みたくなったか？」を基準とした投票を参加者全員が1人1票で行い、最多票を集めた本をチャンプ本とする

という、投票形式で勝者を決める、本の感想のプレゼンバトルである。

ただし、読書マラソンもビブリオバトルも、いずれも「本好き」ないし「すでに読書習慣がある」人向けの企画である。大学生向けの読書推進活動においては、「いま読んでいない人に読んでもらう」ものは手薄なのだ。

「いま読んでいない人」で、「これまでもまったく読んでこなかった」「生まれつき読書が苦手」な人に対しては効果は薄いだろう。しかし、「いま読んでいない」が「かつて読んでいた」人に対しては、効果がある可能性がある。とくに大学の「入り口」と「出口」に関する施策に力を入れることには、読書習慣の復活・継続に対して意味があるはずだ。つまり「大学受験の勉強のために読書習慣が途切れてしまった大学生に『趣味の読書』に戻ってきてもらう」「大学生になって新しい趣味をもちたいと思っている現・不読者を読書

へ誘導する」および「就活も卒論も終わった4年生に読書に戻ってきてもらう」ことである。

いずれにしても高校生・大学生に対する施策のゴールとしては、大学卒業までの間に「大人になっても、本を継続的に読む可能性のある半数を確実に押さえる」ようにすることだ。「半数の人に確実に読書習慣をつけてもらえれば成功、その半数の平均読書冊数を増やせれば大成功、それ以上の成果はおまけのようなもの」ぐらいに捉えて施策を練るほうが、労力に費やすコストとリターンが見合うと思う。今だって、不読率改善や読書冊数増の伸びしろがそもそも限定的ななか、相当あれこれやっている。司書や教員の尽力は讃えられるべきだし、生徒・学生は、読書について嘆かれたり貶《おとし》められたりする必要はない。

伸びしろが大きいのは実は「雑誌」

高校生や大学生の不読率や読書冊数が大きく改善する余地があると見込まれる領域も、存在する。雑誌だ。市場規模も読書量も、書籍以上に変動幅が大きいのは雑誌である。雑誌の平均読書冊数は学校読書調査、読書世論調査を見ても、小中高生でも日本人全体（16歳から70歳以上まで）でも大きく減少している。小中高生がもっとも雑誌を読んでいた1986年、書籍の不読率が最悪だった1997年、直近2022年の雑誌の不読率、月平均読書冊数を比較してみよう。

不読率、月平均読書冊数（86年→97年→22年）
小学生　10・0％、9・3冊　→　11・6％、6・9冊　→　59・2％、3・3冊
中学生　9・1％、9・6冊　→　15・3％、5・7冊　→　51・2％、3・1冊
高校生　6・9％、8・5冊　→　15・6％、5・7冊　→　67・4％、1・7冊

日本人全体でも、読書世論調査を見ると冊数ベースでは1994年が最多の月2・7冊、不読者がもっとも少ないのは2000年の22％だが、調査終了年の2019年には不読者57％、月1・3冊まで雑誌読書は半減（よりやや悪化）していた。書籍と比べて雑誌に関しては不読率、読書量ともに変動幅が大きい。

ということは、高校生、大学生に対しても、雑誌の読書なら推進活動でまだまだ伸ばせる可能性がある。基本的にほとんどが文字で構成されている書籍に比べ、雑誌はビジュアル要素が大きいものも少なくなく、また、ひとつひとつの記事も長くないことが多いため、マンガと並んで「文字を読むのが（生来）好きではない」という層まで取り込んできたのだった。雑誌はウェブメディアと比べると、一冊の刊行物として一定のまとまりが存在し、

内容の正確さに関しても書籍ほどではないが一定の信頼が置けるものでもある。気軽に接しやすく、また、高校生・大学生が「短く、わかりやすく、他者に情報を伝える」ことを学ぶお手本としても機能する出版物として、今こそ読書推進関係者は雑誌にフォーカスした活動に本腰を入れてはどうかと思う。出版業界も今からであっても雑誌読書の推進に力を惜しむべきではない。また、ＰＩＳＡ（第一章参照）の読解リテラシーでは、図表やグラフを用いた文書、質や主張の異なる複数の文書から必要な情報を探し出し、吟味する能力が求められているが、これを訓練するなら書籍より雑誌が向いている。教育界も雑誌の教材としての利用を検討してもらいたい。

「大人が読ませたい本」と「子どもが読みたい本」は違う

最後に、本書の議論をまとめよう。

・「子ども・若者の本離れ」は虚妄である

小中学生の書籍の読書量は過去最高レベルにまで増えており、不読率は減っている。

高校生は不読率に関してはピーク時より2割ほど改善され「ふたりにひとりが読まない」状態にある。高校生の平均読書冊数は直近で月1・6冊だが、70年代以降ずっと月2

冊以上いったことはなく、横ばいである。「本離れ」とは過去と比べて減っている状態のことだから、高校生についても「本離れした」とは言えない。

大学生の不読率は上昇し、「ふたりにひとりが読まない」。ただし、大学進学率向上によって従来であれば大学に行かなかった学力層まで進学している。また、入試方法が多様化しており「本を読んで学ぶ」タイプではない学生が増加していると推察される。国民全体に対する読書調査を見ても長年にわたって「ふたりにひとりが読まない」のであり、「大学全入時代」の学生の読書率は、大人全体の読書率とさほどの差がないというだけの話だ。

ネットやスマホの影響で読書率や読書時間が著しく減少しているという傾向は見られず、日本人は高校生以上になると「ふたりにひとりが本を読み、読書量は全体で平均すると月1〜2冊、時間は1日30分程度」になる。

ただし雑誌の読書量は子どもも大人も著しく減少している。しかし「本離れ」云々と世間で言う場合、イメージされているのは書籍離れのことだけだ。

・三大ニーズと四つの型

学校読書調査で上位にあがる本を読んで推察すると、中高生の読書に対する三大ニーズは、

1 正負両方に感情を揺さぶる
2 思春期の自意識、反抗心、本音に訴える
3 読む前から得られる感情がわかり、読みやすいである。これを効率的に満たすための「四つの型」が存在する。
①自意識＋どんでん返し＋真情爆発
②子どもが大人に勝つ
③デスゲーム、サバイバル、脱出ゲーム
④「余命もの（死亡確定ロマンス）」と「死者との再会・交流」
この四つの型はライトノベル、ライト文芸、一般文芸をまたいで確認できる。

もちろん、これら以外にもニーズを満たす方法は存在する。東野圭吾、『5分後に意外な結末』をはじめとする朝読で人気の短篇集、血縁や友人・恋人などに収まらない人間関係のなかで成長する子ども・若者の姿を描く本屋大賞受賞作などがそれを示している。

・勉強、生き方、ポエム
中高生の読書は小説に偏重しているが、小説以外で読まれている本にはおおよそ、
1.「勉強」や受験に関する情報、（主に理科の）知識にエンタメ要素を交えたもの

2．競争を煽らず、思春期の気持ちに寄り添うかたちで、身近な実例と「できそう」と思える手順を組み合わせて、「生き方」を示したもの
3．恋愛や人生についてのエモいポエム
という共通点がある。


筆者は2000年代以降は「子どもの本離れ」は事実ではないのに、いまだ事実であるかのように語られ続けている、と指摘した。しかし、これはなぜなのか。

ひとつには1980年代から90年代に本離れが進行していた時代の印象に引きずられ、古い認識が語られ続けているせいだろう。主に雑誌市場の急減によって出版市場が約四半世紀にわたって縮小してきたことも、その誤解を強める要因になってきた。歴史的に見れば現在の子ども・若者には活発に書籍が読まれているのに、自治体の読書調査などでたまたま前年比で2～3％不読率が上がると「本離れ」と新聞がさわぎ、SNSでは吟味なき拡散が横行する（不読率が改善したときにはほとんど話題にならず、長期視点が欠如している）。

もうひとつ大きな理由は、結局のところ、中高生が「大人が読んでほしい本」を読むようになったわけではなく、さらに言えば「子どもに本を読んでほしい」と思うような大人が、平均以上に本が好きな人間だから、ではないか。

本書をお読みになった大人、とくに中高年以上の読者には、中高生が好む本の内容を知って眉をひそめ、「ろくなものを読んでいない」と感じた方もおられると思う。

だが「平均的な中高生から見えている本の世界」は、月に2ケタ以上の冊数を当たり前に読む「本好き」から見えている世界、読書家が好むような本の世界とはあまりに隔たりがあることを認識してもらいたい。教師や司書、出版関係者、マスメディアの記者や編集者には本好きが多く、出身校である中学、高校も進学校であることが少なくない。国語に関する世論調査を見ると、本を月7冊以上読む人は全体の約3％しかいないのだが、日常的に「本を読む」人たちばかりの環境で長年過ごすと、たくさん本を読む人間がマイノリティであることを忘却し（または気付かないまま）、「今の若者の読書はかつてより劣化している」と誤って認識してしまう。実際には「今のほうがずっとマシ」なのに、だ。

しかし「大人が読んでほしい本を子どもが読まない」ことと「子どもが本を読まない」ことは違う。「本好きの大人が望む読書量に達していない」ことと「現在の子どもが過去の子どもよりも本を読まない」ことも違う。高校生や大学生は少なくとも日本人全体と同じくらいは本を読んでいるし、小中学生は大人よりもはるかに読んでいるし、過去最高に読んでいる。にもかかわらず本好きの大人という少数派が、子ども・若者に対して、大人全体の平均以上の読書量や高度な内容の本の読書を望むのは、ハードルが高すぎる。それは現実に即していない、無理筋な要求なのだ。大人も平均すれば月2冊も書籍を読んでいないのだから、「平均的な大人」はたいした読解力もないし、歯ごたえのある本も好んでいない。わかりやすい本が好きな人のほうがマジョリティなのである。中高生はそこに感情優位という要素が加わっているだけだ。

筆者としては子ども・若者の読書に対して「今のままではダメだ」と〝評価〟を下す前に、まずは〝現実〟をそのまま受け入れてほしいと思う。

もちろん、事実を事実として受け入れた上で、誰がどんなことを考えようと、子どもに何を望もうと、それは自由である。ただ人間が生物学的な制約を負う存在である以上、もって生まれた能力や嗜好を変えることには大きな限界がある。後天的に伸ばせる能力の「伸びしろ」自体の幅が遺伝的にかなりの程度決まっているし、第二次性徴期の時期の脳の特徴を変えることは誰にもできない。

本書で明らかにしてきたような10代の読書の実態および好む本の傾向に関して、筆者は良いとも悪いとも評価を下してこなかったし、良いとも悪いとも思っていない（「おもしろい」「興味深い」とは思っている）。

大人たちが憤ったり嘆いたりしても、10代の基本的な性質自体は変えられない。しかし、「こうである」という事実・現実を前提に彼ら／彼女たちと接すれば、単に「こうであるべき」という規範意識を前に出して押しつけるよりも、言葉や商品が届くようになるかもしれない。あるいは、いくらがんばっても変わらないこともあるとか、若者の特性自体は大人どころか当人たちにだってコントロールできないものである、といった現実を受け入れたほうが、大人はムダに疲れたり悩んだりしなくて済む。子どもも、大人から無茶な要求をされずに済み、「最近の若者は」などと批判されることもなく、気楽に生きられるようになるだろう。

本書の分析が、大人と子ども・若者との対話や相互理解の役に立てば幸甚である。

あとがき

筆者の最初の単著はライトノベルに関するものであり、文庫ラノベ市場が統計を取り始めて以降のピークに達した2012年に刊行された。そのころラノベは「中高生向け」という意識が業界にも存在しており、筆者もそういうものとしてラノベを論じた。

10年たって、また中高生の読む本を扱うことになった。

いや、思い返すと、2000年代初頭に本格ミステリー界隈から弱冠20歳前後で登場した西尾維新らが年長世代から批判されており、西尾と同世代の自分自身を含む若年読者の感覚との乖離《かいり》に違和感を抱いたことが、筆者の文筆業初期の動機のひとつだった。自分のなかには、「当事者の側から捉えると、異なる景色が見える」「受け手の捉え方と送り手の捉え方には差異がある」という感覚があり、「権威による評価ではなく、受け手が見いだしている価値を言語化したい」という欲求がある。このあたりは学部時代の法社会学のゼミで、国家が定めた法と民衆間の「生ける法」は違うとか、法システムと道徳システムでは用いるコードが違うと学んだ影響かもしれない。

子ども・若者が好きな本は、評価の定まった絵本と児童文学を除いた大抵のものが軽んじられ、取るに足らない消費物としてのみ文壇や新聞などで扱われてきた。純文学・主流文学的な価値観から距離を置いているSFやミステリーなどのジャンル小説のファンも、SFやミステリーでないからこそ「評価に値しないもの」と判断してきた。読書推進に熱心な教師や司書も、余命ものを読んで「泣いた」とか『ワートリ』のノベライズおもしろい」などと言っている中高生を肯定的に捉えていることは多くはなく、生徒に読ませたい「良質な本」をどうしたら届けられるかに頭を悩ませているだろう（その努力あってこそ小中の書籍読書V字回復、高校生の不読率改善が実現したのだが）。

だから、実際に読まれている本と読んでいる若者が存在するにもかかわらず、なぜその関係が成立しているのか、いつから流れができたのかを整理する人がなかなかいない。いつまでも「子どもの本離れ」とか「ケータイ小説はもう読まれていない」「中高生はラノベばかり読んでいる」といった旧態依然とした誤ったイメージが消えない。書籍偏重、「良書」偏重の読書観が、現実を見えないものにしてしまう。これはポピュラー文化史的にも出版産業史的にも読書教育という観点から見ても、また、年長世代が若年世代を理解する上でも、あまり望ましいことではない。筆者はその穴を埋めるためにこの本を書いた。

もっとも、筆者はすでに40代の人間であり、10代の感覚にどこまで肉薄できたかは、下の世代からの感想・批判に委ねるしかない。

この本は、筆者が乳幼児〜小学生向けの本について書いた『いま、子どもの本が売れる理由』（2020年刊）のあとがきで「分量の都合で扱えなかった」と記していた「中高生編」である。本書のもとになった原稿の初出媒体の編集者の方々（「新文化」の芦原真千子さん、「現代ビジネス」の藤井俊宏さん、佐藤慶一さん［現在は講談社現代新書編集部］、「バンディットマガジン」坂田散文さんなど）、初出記事で取材にお応えいただいた方々、そして声をかけてくださった平凡社新書編集部の安藤優花さんに深謝したい。小説における「笑い」やパロディの価値を説いたミハイル・バフチン『小説の言葉』（平凡社ライブラリー）を刊行している平凡社から本を出せて嬉しい。

歴史的変遷を扱えなかったのは残念だが、機会があれば、別途まとめたい。それと、また10年後に、そのころの「10代の読書」について本にできたら、と思う。

本書執筆中、天国に旅立った愛猫「ちぃ」にこの本を捧ぐ

飯田一史

巻末資料　今の学年になってから読んだ本（第67回学校読書調査〈2022年実施〉より）

男子

中1	票数
5分後に意外な結末＊	56
名探偵コナン（小説版）＊	29
ざんねんないきもの事典＊	28
54字の物語＊	27
ハリー・ポッター＊	25
5秒後に意外な結末＊	23
青鬼＊☆	22
ぼくらシリーズ（宗田理）＊	21
空想科学読本（ジュニア版を含む）＊	19
ハイキュー!!＊	14
ふしぎ駄菓子屋 銭天堂＊	14
ONE PIECE＊☆	14

中2	票数
5分後に意外な結末＊	33
空想科学読本（ジュニア版を含む）＊	25
ざんねんないきもの事典＊	20
ぼくらシリーズ（宗田理）＊	20
ふしぎ駄菓子屋 銭天堂＊	14
名探偵コナン（小説版）＊	14
ジョジョの奇妙な冒険＊☆	13
ハリー・ポッター＊	13
ONE PIECE＊☆	12
5分シリーズ（エブリスタ）＊	11
探偵はもう、死んでいる。＊	11
ラストで君は「まさか！」と言う＊	11

中3	票数
5分後に意外な結末＊	27
ソードアート・オンライン＊	17
ハリー・ポッター＊	15
空想科学読本（ジュニア版を含む）＊	13
名探偵コナン（小説版）＊	12
ぼくらシリーズ（宗田理）＊	11
怪談5分間の恐怖＊	10
ONE PIECE＊☆	10
ガリレオシリーズ＊	9
ジョジョの奇妙な冒険＊☆	9
スパイ教室＊	9
星新一ショートショート＊	9

高1	票数
マスカレードシリーズ＊	11
風立ちぬ・美しい村◆	10
余命10年	10
探偵はもう、死んでいる。＊	9

高2	票数
転生したらスライムだった件＊	11
ようこそ実力至上主義の教室へ＊	11
ガリレオシリーズ＊	10
余命10年	9

高3	票数
1％の努力	7
聖域	7
転生したらスライムだった件＊	7
マスカレードシリーズ＊	7

聖域	8
ハリー・ポッター＊	8
Re：ゼロから始める異世界生活＊	8
5分後に意外な結末＊	7
ソードアート・オンライン＊	7
人間失格	7
転生したらスライムだった件＊	6
また、同じ夢を見ていた	6
ようこそ実力至上主義の教室へ＊	6

聖域	7
君の膵臓をたべたい	6
ソードアート・オンライン＊	6
Re：ゼロから始める異世界生活＊	6
かがみの孤城	5
君の名は。☆	5
スマホ脳	5
物語シリーズ（西尾維新）＊	5
火花	5

君の膵臓をたべたい	6
ガリレオシリーズ＊	5
人間失格	5
星の王子さま	5
ようこそ実力至上主義の教室へ＊	5
古典部シリーズ＊	4
ソードアート・オンライン＊	4
夢をかなえるゾウ＊	4

女子

中1	票数
5分後に意外な結末＊	62
5分シリーズ（エブリスタ）＊	41
ふしぎ駄菓子屋 銭天堂＊	34
告白予行練習＊	22
ハイキュー!!＊	21
ぼくらシリーズ（宗田理）＊	15
名探偵コナン（小説版）＊	14
54字の物語＊	13
5秒後に意外な結末＊	13

中2	票数
告白予行練習＊	28
5分後に意外な結末＊	26
5分シリーズ（エブリスタ）＊	24
君の膵臓をたべたい	19
余命10年	18
ハリー・ポッター＊	16
人間失格	15
あの花が咲く丘で、君とまた出会えたら。＊	14
交換ウソ日記＊	13
今夜、世界からこの恋が消えても	13

中3	票数
あの花が咲く丘で、君とまた出会えたら。＊	21
人間失格	20
かがみの孤城	19
余命10年	18
桜のような僕の恋人	17
君の膵臓をたべたい	15
夜が明けたら、いちばん君に会いにいく＊	15
告白予行練習＊	14
カラフル	13
そして、バトンは渡された	13

高1	票数	高2	票数	高3	票数
余命10年	26	余命10年	23	余命10年	21
桜のような僕の恋人	24	桜のような僕の恋人	17	桜のような僕の恋人	15
かがみの孤城	18	人間失格	17	ハリー・ポッター＊	12
君の膵臓をたべたい	17	かがみの孤城	12	流浪の月	12
あの花が咲く丘で、君とまた出会えたら。＊	14	君の膵臓をたべたい	11	天久鷹央シリーズ＊	9
そして、バトンは渡された	12	推し、燃ゆ	9	かがみの孤城	9
星の王子さま	12	カラフル	9	聖域	8
羅生門	12	今夜、世界からこの恋が消えても	8	52ヘルツのクジラたち	7
風立ちぬ・美しい村◆	11	20代で得た知見	8	20代で得た知見	7
52ヘルツのクジラたち	11			マスカレードシリーズ＊	7

＊：シリーズものや多巻ものをまとめて集計したもの
☆：同名で異なる著者による作品・シリーズがあるもの
◆：ひとつの学校だけで得票しているもの

・調査時期は2022年6月第1・2週、調査対象は全国の中学校55校、高校47校（中学生4552名、高校生4806名）。「今の学年になってから読んだ本」をひとり3冊まで回答。
・学校図書館865号（2022年11月）より得票数が上位の書籍を抜粋して作成。

主要参考文献

全体

全国学校図書館協議会「学校読書調査」各年
トーハン「『朝の読書』で読まれた本」各年
飯田一史「ヤングアダルト最前線　10代は何を読んでいるのか?」各回、「新文化オンライン」、新文化通信社、2021年~2023年
飯田一史『いま、子どもの本が売れる理由』筑摩書房、2020年
飯田一史『ライトノベル・クロニクル　2010−2021』Pヴァイン、2021年
飯田一史『ウェブ小説30年史』星海社新書、2022年

第一章

朝の読書推進協議会「「朝の読書」全国都道府県別実施校数」、2020年
猪原敬介「小・中・高校生の学校外読書時間の全体像を描く――読書時間分布における「読む山」」、ベネッセ教育総合研究所、2022年
出版科学研究所『出版指標年報2023年版』、2023年
総務省統計局 人口推計 各年

「出版月報」２０２１年９月号、出版科学研究所、２０２３年１月号、２０２３年２月号
日販 営業推進室 出版流通学院編『出版物販売額の実態』２０１９年版〜２０２２年版、日本出版販売株式会社
嵯峨景子『コバルト文庫で辿る少女小説変遷史』彩流社、２０１６年
飯田一史「「TikTok 売れ」が効かない小学生相手でも「スターツ出版」大躍進のワケ」、「現代ビジネス」、講談社、２０２２年（https://gendai.media/articles/-/96678）
全国大学生協連「学生生活実態調査」各年
毎日新聞社「読書世論調査」各年
文部科学省「大学入学者数等の推移」２０２０年
束原文郎『就職と体育会系神話 大学・スポーツ・企業の社会学』青弓社、２０２１年
文部科学省「平成31年度国公私立大学・短期大学入学者選抜実施状況の概要」
文化庁「国語に関する世論調査」平成20年度、平成25年度、平成30年度
安藤寿康『生まれが9割の世界をどう生きるか』ＳＢ新書、２０２２年
安藤寿康「子どもの読書行動に家庭環境が及ぼす影響に関する行動遺伝学的検討」、「発達心理学研究」１９９６年第7巻第2号
ＮＴＴドコモ モバイル社会研究所「スマートフォン比率94％に：２０１０年は約４％ ここ10年でいっきに普及」（https://www.moba-ken.jp/project/mobile/20220414.html）２０２２年４月14日
濱島幸司「スマホ世代の読書習慣 多角的な読書文化を探る必要性」、「図書館雑誌」２０１９年11月号、日本図書館協会

毎日新聞社「読書世論調査」各年
韓国文化体育観光部「国民読書実態調査」2021年度
中国新聞出版研究院「全国国民読書調査」2021年度
飯田一史「「TikTokで本の売り上げが変わる時代」マンガと小説ではどう違う？　書店員はなに聞く、動画と書店現場の関係」、「リアルサウンドテック」、ブループリント、2021年10月27日（https://realsound.jp/tech/2021/10/post-887747.html）

第二章

フランシス・ジェンセン、エイミー・エリス・ナット『10代の脳　反抗期と思春期の子どもにどう対処するか』文藝春秋、2015年
リサ・フェルドマン・バレット『バレット博士の脳科学教室7 1/2章』紀伊國屋書店、2021年
澁谷智子『ヤングケアラー　介護を担う子ども・若者の現実』中公新書、2018年
金間大介『先生、どうか皆の前でほめないで下さい　いい子症候群の若者たち』東洋経済新報社、2022年
石田光規『友人の社会史』晃洋書房、2021年
石田光規『「人それぞれ」がさみしい　「やさしく・冷たい」人間関係を考える』ちくまプリマー新書、2022年
赤木かん子『子どもに本を買ってあげる前に読む本　現代子どもの本事情』ポプラ社、2008年
飯田一史「韓国発の大人気番組『イカゲーム』と『ガルプラ』…両者には、若者を虜にする共通の「しくみ」があった…！」、「現代ビジネス」、講談社、2021年10月17日（https://gendai.media/

articles/-/88291）
清水富美子「『金田一少年の事件簿』にみるメディアミックス」、『創』1995年10月号、創出版

第三章

飯田一史「マンガのノベライズが300万部!?　集英社ジャンプジェイブックスが破格のレーベルである理由」、「Yahoo! ニュース個人」、Yahoo! JAPAN、2016年12月16日（https://news.yahoo.co.jp/byline/iidaichishi/20161216-00065549）
飯田一史「チャレンジが生んだヒット作多数／「集英社みらい文庫」」、「新文化オンライン」、新文化通信社、2020年10月8日（https://www.shinbunka.co.jp/rensai/kodomonohon/kodomonohon18.htm）
『このライトノベルがすごい！』2019年版〜2023年版、宝島社、2018年〜2022年
飯田一史「高度育成高等学校の「制度（システム）」が提示するもの　外枠が構築する、「平等主義」のしくみについて」、「月刊ニュータイプ」2022年9月号、KADOKAWA
日本性教育協会編『「若者の性」白書　第8回青少年の性行動全国調査報告』小学館、2019年
飯田一史「日本のラノベやゲーム原作のウェブトゥーンの「これじゃない感」はどうして生まれるのか？：イ・ヒョンソク氏　中編」、「comici」2022年12月23日（https://magazine.comici.jp/episodes/bab332a3ee140）
田中すみ子「ピンポイントの読者ターゲットへの戦略『俺の妹がこんなに可愛いわけがない』」、「日本児童文学」2014年7・8月号、小峰書店
飯田一史「原作160万部超『かがみの孤城』はいったい「何が凄いのか」…十代に支持され続けるワケ」、

「現代ビジネス」、講談社、2023年1月21日（https://gendai.media/articles/-/104554）
飯田一史「累計190万部突破、隠れたベストセラー『5分後シリーズ』の秘密」、「現代ビジネス」、講談社、2018年11月30日（https://gendai.media/articles/-/58496）
トーハン「年間ベストセラー」2019年〜2022年
日本出版販売株式会社「年間ベストセラー」2019年〜2022年
飯田一史「「韓国エッセイ」の併買本から見える10代女子の〝意外なニーズ〟」、「現代ビジネス」、講談社、2021年10月2日（https://gendai.media/articles/-/87882）
内閣府「我が国と諸外国の若者の意識に関する調査（平成30年度）」2019年
荒井悠介『ギャルとギャル男の文化人類学』新潮新書、2009年
荒井悠介『若者たちはなぜ悪さに魅せられたのか　渋谷センター街にたむろする若者たちのエスノグラフィー』晃洋書房、2023年
飯田一史「今や若者の半数以上が「オタク」…この四半世紀で一体どう変わったのか」、「現代ビジネス」、講談社、2021年5月9日（https://gendai.media/articles/-/82610）
トム・ラス『さあ、才能（じぶん）に目覚めよう　新版　ストレングス・ファインダー2.0』日本経済新聞出版社、2017年
高部大問『ドリーム・ハラスメント』イースト新書、2020年
スティーブン・R・コヴィー『完訳　7つの習慣　人格主義の回復』キングベアー出版、2013年
飯田一史「No More Dream　水野敬也『夢をかなえるゾウ』論」、「BANDIT」Vol.2, Bandit Magazine, 2022年

「学校図書館」１９９８年11月号、全国学校図書館協議会

第四章

猪原敬介『読書と言語能力：言葉の「用法」がもたらす学習効果』京都大学学術出版会、２０１６年
黒田将臣、西岡壱誠『ビジネスとしての東大受験　億を稼ぐ悪の受験ハック』星海社新書、２０２２年
中村百合子編『学校経営と学校図書館』樹村房、２０２２年
笠川昭治「ライトノベル・アーカイブについて」、「図書館評論」２０２０年９月号（no.61）、図書館問題研究会
井上靖代「これからのYAサービス」、「図書館雑誌」２０１８年５月号、日本図書館協会
川崎彩子「飯能市立図書館YA向けサービス試行錯誤の記録　埼玉県立飯能高校図書館との連携を中心に」、「図書館雑誌」２０１８年５月号、日本図書館協会
東京学芸大学生協「大学生の読書活動の推進を図る読書マラソン」、『Campus Life vol.40』２０１４年９月号、全国大学生協連
玉真之介編著『大学教育と読書　大学生協からの問題提起』大学教育出版、２０１７年
辻慶太「図書館の利用を増加させるラーニング・コモンズ像に関する基礎調査」、「図書館界」vol.67 No.4、２０１５年11月号、日本図書館研究会
逸村裕、田窪直規、原田隆史編『図書館情報学を学ぶ人のために』世界思想社、２０１７年
寺島哲平「利用を疑似体験するRPG型ガイダンス　図書館利用教育プログラム「Libardry」」、「大学時報」２０１８年５月号、進研アド

【著者】
飯田一史（いいだ いちし）
1982年青森県むつ市生まれ。中央大学法学部法律学科卒。グロービス経営大学院経営研究科経営専攻修了（MBA）。出版社にてカルチャー誌や小説の編集に携わったのち、独立。マーケティング的視点と批評的観点からウェブカルチャー、出版産業、子どもの本、マンガ等について取材、調査、執筆している。著書に『いま、子どもの本が売れる理由』『ウェブ小説の衝撃』（以上、筑摩書房）、『マンガ雑誌は死んだ。で、どうなるの？』『ウェブ小説30年史』（以上、星海社新書）、『ライトノベル・クロニクル2010-2021』（P ヴァイン）など。

平凡社新書１０３０

「若者の読書離れ」というウソ
中高生はどのくらい、どんな本を読んでいるのか

発行日――2023年６月15日 初版第１刷
2023年８月26日 初版第３刷

著者――飯田一史

発行者――下中順平

発行所――株式会社平凡社
〒101-0051 東京都千代田区神田神保町3-29
電話 (03) 3230-6580［編集］
(03) 3230-6573［営業］

印刷・製本―株式会社東京印書館

ＤＴＰ――株式会社平凡社地図出版

装幀――菊地信義

ISBN978-4-582-86030-6
平凡社ホームページ https://www.heibonsha.co.jp/